평범한 직장인, 2억 원으로
바닷가 게스트하우스 건축하기

평범한 직장인, 2억 원으로

바닷가
게스트하우스
건축하기

김병균 지음

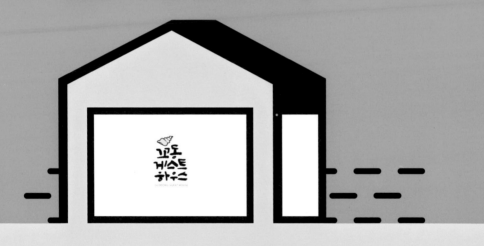

한국경제신문 *i*

중국발 미세먼지의 영향으로 미세먼지의 영향이 덜한 동해안과 제주도로 이동하는 사람들이 많아지고 있다. 팍팍한 직장생활의 스트레스를 벗어나 힐링을 원하는 사람들도 차츰 증가하고 있다.

공기 좋고 여유 있는 바닷가에서의 삶을 바라는 사람은 많아지고 있으나, 바닷가에 주거와 일정소득이 가능한 건축물을 보유하기에는 많은 돈이 필요하다. 이에 대해 많은 생각을 하고 있던 나는 주거와 일정소득이 가능한 방법은 게스트하우스라는 생각을 하게 됐다. 최적의 가성비로 바닷가 토지를 구매하고, 건축하는 방법을 고민한 끝에 정보검색을 통해 약 2억 원의 돈으로 바닷가 토지를 구입하고, 게스트하우스를 건축했다.

30대 직장인이라면 약 10년 정도 근무가 가능할 것이다. 10년의 근무기간 동안 2억 원의 금액은 잘하면 모을 수 있다. 2억 원이라는 금액은 서울, 경기권에서는 아파트 한 채 구입하기도 어려운 금액이다. 하지만 직장생활을 통해서 모으려고 한다면 엄청 큰 금액이기도 하다. 그러나 직장생활 10년 내외면 오르지 못할 나무가 아닌, 바라볼 수는 있을 정도의 금액이다. 나 또한 10년의 직장생활과 퇴직금을 포함해서 1억 원 후반대의 금액을 마련했다.

이 책은 2억 원 정도를 모은 분들에게 바닷가 토지를 찾는 법부터 가성비 있게 건축하는 방법을 알려주기 위해 집필하게 됐다. 자금 상황이 여유가 있는 분들도 가성비 있게 건축하는 데 도움이 되고, 자금이 부족한 분들에게는 건축하기 전 시세차익을 얻을 수 있는 바닷가 토지를 찾을 때 도움이 되기를 바란다. 나는 부동산이나 건축 전문가는 아니지만, 이 책을 통해 어떻게 도움 받는지, 문제 발생 시 누구한테 물어봐서 해결해야 하는지는 알 수 있을 것이다.

추가적으로 대출을 통해서도 건축이 가능하지만, 바닷가에서의 여유 있는 삶을 위해서는 대출은 최소한으로 하기를 권한다. 아울러 이 책을 통해 좋은 바닷가 토지를 싸게 구매해서 토지 시세차익과 가성비 있는 건축을 통해 임대수익과 매도차익까지 얻길 바란다.

마지막으로 이 책이 나올 수 있게 도와준 사람들에게 감사의 말씀을 드리고 싶다. 건축할 때 많이 힘들었지만, 역시 핏줄이라는 생각이 들게 힘들 때 도움을 준 이스타항공 조종사로 근무 중인 친형, 생각했던 대로 건축할 수 있게 영감을 주시고, 건축 중 애로사항과 튼튼한 건축을 해주신 스마트하우스 이영주 대표님, 첫 번째 책을 낼 수 있도록 조언과 도움을 주신 (주)두드림미디어 한성주 대표님께 진심을 담아 감사의 마음을 전한다.

김병균

차 례

| Chapter 01 |
직장인, 바닷가 토지부터 구매하라

| Chapter 02 |
최소한의 돈, 가성비로 건축 설계하기

| Chapter 03 |
공사 시작 전에 해야 할 일들

| Chapter 04 |
공사 시작, 첫 삽에 배부르랴

| Chapter 05 |
10년 늙지 말고, 하루 만에 건축하기

| Chapter 06 |
호구가 되지 않는 준공검사 방법

| Chapter 07 |
게스트하우스 운영 : 때로는 사장처럼 때로는 머슴처럼

| Chapter 08 |
더 나은 바닷가 게스트하우스

| Chapter 09 |
질의 응답 : 바닷가 게스트하우스의 모든 것

바닷가
게스트하우스
건축하기

Chapter

01

직장인,
바닷가 토지부터 구매하라

왜
바닷가 토지여야 하는가?

어렸을 때부터 스쿠버를 하셨던 아버지의 영향을 받아서 바다를 좋아했고, 낚시, 스노클링 등을 하며 바닷가에서 생활을 많이 했다. 바다에서 생활을 오래 하다 보니 '바다 맨손 어신(漁神)'이란 주제로 〈순간포착 세상에 이런 일이〉 1,017화에 잠깐 출연하기도 했다.

그만큼 바다를 좋아하고, 고기를 잡아서 사람들과 음식을 나눠 먹는 것이 인생에서 가장 행복하고 즐거운 일 중 하나다 보니, 바닷가에서 게스트하우스를 운영하면서 사람들과 음식을 나눠 먹는 일을 하면 어떨까라는 생각을 항상 하고 있었다. 바닷가에서는 일반 라면을 끓여 먹어도, 고기를 구워 먹어도, 같은 재료인데

〈순간포착 세상에 이런 일이〉 방송 화면

출처 : SBS

다른 곳에서 먹는 것보다 조금 더 맛있는 경험이 있을 것이다. 이와 같은 경험은 나뿐만 아니라 주변 사람들에게서도 심심치 않게 듣는 것을 보면, 대부분의 사람들이 바닷가에 낭만이 있다는 것을 알 수 있다.

유명한 관광지나 좋은 등산코스가 있는 산 주변도 누군가에게는 좋은 위치가 될 수 있을 것이다. 하지만 나는 바닷가 토지의 여러 가지 장점, 즉 손님들이 생선을 잡고 해산물을 채집하는 경험을 제공하거나, 내가 잡은 고기와 해산물을 나눠 먹고, 파도를 바라보며 힐링하는 기분을 사람들에게 나누고자 바닷가 토지를 선택하게 됐다.

추가적으로 이처럼 사람들의 수요가 있는 바닷가는 좋은 가격에 좋은 위치를 선정해 토지를 구매하고 건축을 하게 된다면, 토지의 시세차익과 건물의 임대수익 및 매매차익까지 부동산 재테크에서도 많은 이점이 있다. 이에 대한 내용은 뒤에서 차차 풀어가도록 하겠다.

건축의 시작은
토지 구입

　시작이 반이라는 말이 있듯, 건축의 시작은 토지 구입부터 시작해야 한다. 토지를 구입하면, 건축을 위한 절반을 준비했다고 보면된다. 땅을 산다고 생각하면, 대부분의 사람들이 많은 돈이 필요하다고 생각한다. 현재 내가 가진 돈으로는 불가능하다고 생각하고, 시도도 하지 않는다. 우리나라는 3면이 바다로 바닷가 토지도 지역별, 위치별, 땅모양별로 다양한 변수에 의해 편차가 있다. 사실돈이 없을 때부터 토지를 검색하고 알아보러 다니면 좋지만, 돈이없을 때 토지를 알아보면 당장 구매하지 않기 때문에 토지를 세세하고, 면밀히 볼 수 없다.

　일단 자본금이 3,000만 원이 생겼을 때부터 땅을 찾아보길 권한다. 3,000만 원을 가지고 땅을 보러 다닌다면 금액에 맞는 땅을 보게 되고, 실제로 땅이 있는 현장에 가서 직접 봄으로써 자신이 구매할 수도 있기에, 땅이 가진 장단점을 자세히 살펴볼 수 있다. 그렇게 하면 향후 건축했을 때 느낌을 그려볼 수 있기에 추천한다. 땅을 금액에 맞춰 찾다 보면 3,000만 원 짜리 땅보다 5,000만 원짜리 땅이 어떤 부분이 더 좋은지 알게 된다. 다음번에는 3,000만 원짜리 땅이 나왔을 때 지난번 땅과 비교하고, 장단점을 분석함으로써 이 땅이 비싸게 나온 것인지, 싸게 나온 것인지 파악이 가능해진다.

이런 일련의 과정을 통해 바닷가 토지에 대한 주변시세를 파악할 수 있다. 시세를 알게 되면 준비된 자가 기회를 잡을 수 있듯, 시세에 비해 싸게 나온 물건을 볼 수 있는 눈이 생기게 되어 기회가 왔을 때 싼 토지를 좋은 가격에 잡을 수 있게 된다.

바닷가 토지의
시세 동향

　현재 부동산 경기는 주춤하지만, 토지 시장만큼은 활발하게 투자가 이뤄지고 있다. 이는 몇몇 통계자료를 보면 알 수 있다. 그중에서도 바닷가 토지는 품귀현상이 일어나고 있다. 중국발 미세먼지 때문에 미세먼지에 영향이 없는 동해안이나 제주도로 사람들이 많이 이동하고 있다. 일상생활에서 벗어나 힐링을 원하는 사람들도 바닷가로 향하고 있다. 해양스포츠의 발달로 서핑, 요트, 스쿠버, 프리다이빙 등 해양스포츠 인구가 증가한 것도 한몫하고 있다. 이처럼 수요는 많은데 공급이 적으니 갈수록 바닷가 토지의 가격은 상승하고 있다. 몇 년 전만 해도 바닷가 토지는 위치에 따라

중국발 미세먼지

해양스포츠(서핑)

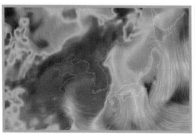

출처 : 구글 어스

다르지만, 평당 100만 원 정도면, 좋은 위치에 적당한 평수의 토지를 구할 수 있었다. 하지만 갈수록 매물이 사라지고, 이제는 주택을 지을 수 있는 바닷가 소형 토지는 거의 씨가 말랐다. 이런 바닷가 토지를 확보하려면, 꾸준하게 바닷가 토지 매물을 찾고 시세가 오르기 전에 먼저 구매를 해둬야 한다.

바닷가 게스트하우스
건축하기

바닷가 토지
찾는 방법

바닷가 토지를 찾는 방법은 지역 공인중개사 사무소나 지역정보지, 인터넷 검색 등으로 찾을 수 있다. 요즘은 블로그, 카페, 유튜브에도 땅을 소개하고, 판매해서 다양한 루트로 땅을 확인하고 알아볼 수 있다. 나는 바닷가 토지를 찾을 때 기본적으로 집과 지리적으로 가까운 곳에 하고 싶어서, 포항 인근의 지역을 정하고, 땅을 찾아봤다. 아래는 포항 지도다.

포항 지도

출처 : 네이버 지도

바닷가 토지 찾는 법

① 네이버 부동산 사이트 검색

② 지역 부동산 사이트 검색

③ 블로그, 카페, 유튜브 검색

④ 지역 공인중개소 방문(오프라인)

첫 번째로 네이버 부동산 사이트를 통해 검색하는 방법이다. 사람들이 가장 많이 사용하는 웹 포털 사이트로, 전국에 있는 부동산을 한 번에 검색 가능하고, 매물이 다양하다. 내가 원하는 지역을 선정해 가격과 토지의 크기를 알 수 있고, 공인중개사에게 전화해 물건에 대한 추가정보를 확인할 수 있다.

네이버 부동산 홈페이지

토지 및 지역 선택 시 화면

출처 : 네이버 부동산

두 번째로 지역 부동산 사이트이다. 지역마다 지역민들만 아는 부동산 사이트가 있다. 포항의 경우 디디하우스(www.ddhouse.

디디하우스 홈페이지

지역, 면적, 지목, 가격 선택 화면(디디하우스)

교차로 홈페이지

벼룩시장 홈페이지

출처 : 디디하우스, 교차로, 벼룩시장

co.kr/dashboard.do)라는 지역민들만 사용하는 부동산 사이트가 있다. 여기에는 토지, 주택, 아파트 등 다양한 매물이 있으며, 필터링을 통해서 내가 원하는 크기, 금액, 지목 등을 설정해서 자신이 원하는 지역과 크기, 금액을 골라서 볼 수 있다. 다양한 매물이 많이 올라오기에 나도 주로 이 사이트에서 검색을 통해 토지를 찾고는 했다.

포항뿐만 아니라 타 지역에도 지역민이 자주 쓰는 부동산 사이트가 있으니 찾아보고 검색하면 좋다. 추가적으로 지역 교차로, 벼룩시장 같은 지역 정보지나 지역 사이트에도 다양한 매물이 올라와 있으니 참고하기 바란다.

세 번째로 요즘에는 개별 공인중개사가 운영하는 블로그나 지역 카페, 부동산 유튜브에도 다양한 매물이 올라온다. 포항은 바닷가 토지와 바닷가 주택만을 별도 카테고리로 만들어 블로그를 운영하는 곳도 있고, 포항 중고나라 같은 카페에는 지역 부동산 매물이 공인중개사를 거치지 않고, 올라오기도 한다. 다양한 매물을 찾아보고 확인해야 좋은 매물을 찾을 수 있기에 토지 정보를 얻을 수 있는 곳은 자주 접속해서 신규 매물을 확인하는 것이 중요하다.

요즘에는 실제로 가보지 않고, 동영상을 통해서 소개를 해주는 부동산 유튜브도 활발하게 운영되고 있으니, 여러 가지 검색을 통해서 다양한 매물을 확인하기를 추천한다.

지역 공인중개사 사이트(미도 부동산)

지역 카페 부동산 안내(포항 중고나라)

남해 토지 블로그(복 많은 사람들 공인중개사)

유튜브(발품부동산 TV)

출처 : 미도 부동산, 포항 중고나라, 복 많은 사람들 공인중개사, 발품부동산 TV

바닷가 게스트하우스
건축하기

네 번째로, 가장 추천하는 방법인 지역 공인중개소 방문이다. 지역 공인중개소에는 다양한 매물과 지역에 대한 정보를 얻을 수 있고, 시간이 된다면 공인중개사와 같이 방문해서 토지를 확인할 수 있다. 일부 양심적이지 못한 공인중개소에서 나쁜 토지를 비싼 가격에 파는 경우도 있으나, 기획 부동산을 제외하고는 거의 없으니 안심하길 바란다. 나 또한 지역 공인중개소를 방문해 여러 가지 정보도 많이 얻고, 실제 토지를 구입하기도 했다. 공인중개사에게 지역에 대해 설명을 듣거나 토지 현장을 보러 이동하면서도, 지역에 대한 장단점 및 토지 분석을 듣고 검토할 수 있으니, 여러 공인중개소에 방문해서 정보를 얻고 좋은 선택을 하길 바란다.

① 네이버 지도 선택하기

출처 : 네이버 지도

② '공인중개사' 검색

지도에서 '현 지도에서 장소검색'을 선택해 '공인중개사'를 검색하고, 확인된 전화번호로 문의한다.

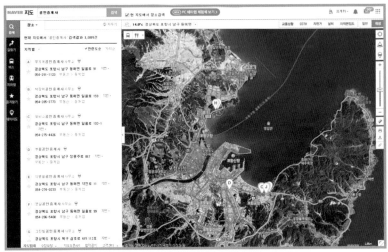

출처 : 네이버 지도

바닷가 게스트하우스
건축하기

좋은 토지
고르는 방법(자본금별)

모든 사람들이 원하는 좋은 토지란 '싸고, 좋은 땅'이다. 이 어렵고도 간단한 명제는 사람마다 제각각 다르기에 몇 가지 제안을 드린다. 자신이 보유한 돈이 얼마나 있는지 확인하고, 준비하자.

① 토지 구매만 가능할 때 : 5,000만 원~1억 원
② 자금이 없을 때 : 1,000만 원 이내
③ 자금이 풍부할 때 : 3억 원 이상

첫 번째로 5,000만 원에서 1억 원 사이의 돈이 있을 때는 토지만 구입하고, 추후 건축하는 방향으로 가야 한다. 토지만 구입하더라도 건축의 절반을 실행한 것일 정도로, 토지를 보유하고 돈이 있다면 언제든지 건축할 수 있기 때문이다.

토지는 별다른 영향이 없다면, 지속적으로 가격이 상승한다. 공시지가 가격만 봐도 매년 가격이 상승하는 것을 알 수 있다. 그래서 토지를 일단 먼저 구매해놓고, 돈을 차곡차곡 모으는 것이 중요하다. 그리고 좋은 토지를 구매했다면, 내 토지에 맞는 건축물에

대한 구상을 계속할 수 있기에 기분 좋은 상상을 지속적으로 함으로써 더 좋은 결과물이 나올 수 있다.

좋은 토지를 구매했다는 가정하에 토지 가격은 지속적으로 상승하므로, 향후 돈이 꼭 필요한 경우에는 토지를 판매함으로써 긴급자금 마련과 시세차익을 얻을 수 있을 것이다. 나 같은 경우도 토지를 먼저 구매한 이후에 지속적인 고민과 검토를 통해 내가 원하는 건축물에 대해 구체적으로 그림을 그리고, 약 2년 뒤 건축을 실행했다.

두 번째로 자금이 없을 때 토지를 구하는 방법이다. 직장인이라면 토지 대출을 통해 약 60~70%까지 1, 2금융권에 대출이 가능할 것이다. 대출을 통해 토지를 구매하는 것은 그렇게 추천하지 않지만, 갚아 나갈 여력이 있는 분들은 정말 좋은 토지를 발견했고, 시세차익을 얻을 수 있을 것 같을 때는 구입해도 된다.

하지만 아무리 좋은 토지라도 변수가 있고, 대출금에 대한 부담감이 항상 있기에 직장인이라면 최소 1~2년 동안 자금을 잘 모아서 3,000만 원 정도는 기본금을 잡고, 토지를 구매하길 추천한다. 토지를 구매하고 2년 이내에 건축을 할 수도 있지만, 건축시점이 길어져서 5년~10년 뒤도 생각해야 할 수도 있기에 지금 당장 필요하지 않는 돈의 여력만큼 투자하기를 권유한다.

세 번째로 자금이 풍부할 때다. 나는 사실 이런 경험이 없고, 이 책을 읽는 분도 자금이 풍부하다면 이 책을 정독할 필요는 없고, 참고만 하면 되겠다. 이 책은 직장인이 최소한의 자금으로 게스트하우스를 건축하고, 최소한 나와 같은 실수를 하지 않게 추가로 돈이 나가는 것을 방지하고자 하는 책으로, 자금이 풍부하다면 원하는 대로 건축을 하면 된다. 자금이 풍부하더라도 건축에는 처음이신 분이거나 2~3억 원 이내로 바닷가 게스트하우스 건축을 하고 싶은 분은 이 책을 읽고, 실수로 인해 돈이 추가 지출되는 것을 방지하면 되겠다.

자신이 보유한 금액별로 바닷가 토지 구매 방법을 알아봤다. 추가로 몇 가지 팁을 드리자면, 토지는 금액이 싸다면 그것만으로도 메리트가 있는 토지다. 일례로 5,000만 원짜리 토지가 있다면, 직장인이 몇 년 모아서 도전해볼 수 있는 토지이기 때문에 여러 사람들이 관심을 갖고 접촉해볼 수 있다. 하지만 2억 원인 토지가 있다면, 사람들은 금액만으로도 지레 포기를 해버릴 것이다. 금액이 싸다는 것이 다른 토지의 장단점을 제하더라도 굉장한 메리트이니, 이런 토지를 발견했다면 하자가 있다고 하더라도 관심 있게 보길 추천한다.

금액이 싼 토지를 추천했지만, 다른 의미로 금액이 높은 토지도 추천한다. 금액이 높은 토지는 그만큼 뷰가 좋다든지, 지목이 대지로 되어 있거나, 평평하거나, 주변시설이 잘 이뤄져 있거나 같은 사람이 살기 좋은 곳이다. 싸게 산 토지는 팔고자 할 때 주인을 찾기가 굉장히 어려울 때가 많다. 하지만 가격이 비싼 토지는 그만큼 환금성도 좋기에 조금 가격을 낮추어 팔 때는 금방 팔리기도 한다. 이처럼 토지는 정말 다양하고, 변수도 많기에 토지를 보는 정확한 눈이 필요하다. 본인의 기준으로 봤을 때 장단점을 잘 살펴봐서 현재 자신의 상황을 고려해 좋은 토지를 골라야 한다.

지역별, 위치별로 금액은 다르지만, 제주도, 강원도, 경남, 전남 등 바닷가 인근 토지도 5,000만 원 이하의 매물들이 가끔 보인다. 인기가 많은 지역인 제주도나 통영, 여수 등은 토지 평균가격이 비싸기 때문에 5,000만 원 이하의 매물은 찾기가 어려울 수도 있다. 비인기 지역의 바닷가 부근 토지는 5,000만 원의 매물이 많아서 자유롭게 구할 수 있는 곳도 있다. 금액은 예시로 제시한 부분이니 자신이 원하는 지역을 선정하고, 금액의 변경은 유동적으로 하되 좋은 매물을 좋은 가격에 구입하면 되겠다.

좋은 토지
고르는 방법(위치별)

　좋은 바닷가 토지를 금액별로 알아봤다. 이제는 위치적으로 어떤 곳에 있는 바닷가 토지가 좋은지 한번 알아보고자 한다. 위치적으로 좋은 바닷가 토지란 개인마다 차이가 있겠지만, 몇 가지로 나눠 보면 각각의 위치마다 모두 장단점이 있고 가격도 다양하다. 따라서 여기에 소개된 장단점을 보고 판단하기를 바란다. 장단점이 있다고는 하지만, 여러 가지 변수(지인, 개발호재, 사고 발생, 냄새, 가격, 쓰레기 등)가 있고, 지역마다 계절마다 오차가 있다. 결국 개인이 가장 추구하는 위치는 사람마다 다르기에 참고 정도만 하길 바란다.

　① 바다 뷰를 볼 수 있는 곳
　② 바다와 10초 거리에 있는 곳
　③ 바다 뷰를 볼 수 있는 언덕
　④ 바닷가 인근 마을 근처
　⑤ 바닷가 촌이지만 근거리에 편의시설이 있는 곳

첫 번째로 바다 뷰를 볼 수 있는 곳이다. 바다 뷰를 볼 수 있는 곳은 바다 뷰가 없는 곳보다 가격적으로 많이 비싸다. 일반적으로 바다 뷰가 있는 곳이 없는 곳보다 동일한 크기의 토지라고 본다면, 3분의 1정도 가격이 더 높다고 봐야 한다.

하지만 실제 거주를 한다면 바다 뷰가 보이는 것은 그리 중요하지 않다. 실제로 생활하면서 바다를 자주 보거나 하지 않고 잠깐 이동해 보면 되기에 중요하지 않으나, 손님을 받는 게스트하우스라면 이야기가 달라진다. 아침에 일어났을 때 창문 밖 바다를 보면서 커피 한잔하는 것은 바다가 보이지 않는 숙소와 많은 차이가 있기 때문이다. 바다 뷰는 거주자의 것이 아니라 손님 것이라고 보면 된다.

추가적으로 동서남북 바라보는 방향, 뷰가 보이는 곳의 전망 등 너무나도 많은 변수가 있지만, 가격 대비 어떠한 것이 개인별로 우선하는지에 따라 선택하면 되겠다. 가격이 우선인지, 뷰가 우선인지는 개인이 선택하면 된다.

두 번째로 외지인들이 가장 많이 찾는 바다와 가까운 땅, 쉬운 말로 집에서 원투 낚싯대를 던져서 낚시를 할 수 있을 것 같은 땅은 여러 장점도 많지만, 단점도 많다. 장점 중에 최고 장점은 손님들이 좋아한다는 것이다. 또한 낚시를 편하게 할 수 있다는 점과 숙박업 운영 시 장사가 잘되는 점이 있고, 임대와 매매 시에도 많은 이점이 있다.

하지만 단점들도 존재한다. 그중 하나가 가격이 많이 비싸다. 조금 떨어진 곳과 바로 붙은 곳의 가격 차이가 3분의 1 정도 높을 때도 있고, 약 2배 차이가 날 때도 있다. 그리고 바다와 가까운 곳에 지은 집은 습기가 많아서 물건들이 빨리 상하고, 심한 경우는 집도 빨리 상하는 경우가 많다. 특히 철로 된 물질들은 금방 녹이 슬고, 못 쓰게 되는 경우가 많다.

추가적으로 파도가 심할 때나 태풍이 불 때, 또한 우리나라 바닷가에서 많이 일어나지는 않지만 쓰나미 같은 자연 재해로 많은 피해를 입을 수 있다. 파도가 많이 치고 바람이 많이 부는 날이면, 시끄럽고 무서워서 잠을 제대로 잘 수 없을 때도 있다.

이런 단점들이 있어 개인주택으로는 추천하지 않지만, 손님을 위한 숙박용이나 임대용으로는 장점이 많다. 나의 경우도 이 같은 장점을 보고, 바닷가와 가까운 땅을 선택해 게스트하우스를 건축했다. 하지만 만약 추후 다른 토지에 건축을 한다면 조금 피하고 싶은 위치다.

세 번째로 바다 뷰를 볼 수 있는 언덕은 바다는 꽤 멀리 있지만, 일출이나 일몰 시 위에서 내려다보는 멋진 뷰가 매력적인 위치이고, 가격도 비싼 편이다. 바다와 가까이 있지 않기에 자연 재해로부터도 비교적 안전하다고 볼 수 있어서 좋은 위치다.

손님과 주인 모두 만족할 수 있는 위치지만, 바다 뷰가 보인다 뿐이지, 차를 타고 바다에 가야 하기 때문에 바다와 10~20분 이내 거리에 거주하는 것과 별다른 차이가 없다. 경험상 토지의 시야에 가리는 건축물이 없고, 언덕 위에 있는 이 토지 위치가 나중에 보니 가장 좋아 보였다.

네 번째로, 바닷가 근처 마을 인근이다. 읍면에 위치한 바닷가의 특성상 근처에 가로등이 많이 없어 조금 무서울 수도 있는데, 마을 인근에 있으면 무섭지 않다는 장점과 상하수도관이 가까이 있어 건축 시 추가비용이 많이 들지 않는 장점이 있다. 만약 개발된 바닷가 마을 근처라면, 개발로 인해 가로등도 많겠지만, 토지 가격이 많이 비쌀 것이다.

이 위치의 단점으로는 촌 특성상 마을 어르신들이 새벽 조업을 위해 일찍 주무시기 때문에 오후 8시면 대부분 불이 꺼진다. 따라서 밤에 시끄럽게 하면 마을에서 거주하기가 어려워지며, 다양한 민원을 받게 된다. 숙박업 시 가끔 새벽에도 술자리가 이어질 때가 있는데, 많은 어르신들의 질타가 있을 수도 있어 숙박업을 할 때는 마을 인근에 하지 않는 것이 좋다.

다섯 번째로, 마을 인근에 편의시설이 있으면 좋다. 이것은 별다른 단점이 없겠다. 하지만 촌 특성상 그 흔한 24시 편의점이 없는 곳이 많다. 그래서 집에 들어가기 전에는 3일치 정도의 장을 봐서 보관하는 경우가 많아서, 떨어지기 전에 미리미리 사두는 것이 중요하다. 편의시설이 주변에 많다면, 개발된 바닷가 토지이기 때문에 가격이 많이 비쌀 수도 있을 것이다.

위치적으로 다양한 장단점을 알아봤으나 가격을 벗어나서 가장 좋은 위치를 따져 보면, 바닷가와 아주 가깝고, 바닷가 뷰가 보이면서, 자연 재해로부터 안전한 언덕에 위치하고, 마을과 떨어져 있지만 상하수도가 연결되어 있으며, 인근에 편의시설이 걸어서 갈 수 있는 곳이 되겠다.

좋은 바닷가 토지를 위치와 가격으로 알아봤다. 자본이 무한정 있으면 최고의 토지에서 시작하겠지만, 개인이 가진 자금 안에서 최고의 위치를 찾기 위해서는 자신이 놓칠 수 없는 부분을 먼저 고르고, 버릴 수 있는 장점은 버리면서 최고의 토지를 찾기를 바란다.

바닷가 토지 선정 시 핵심 포인트 :
건축 가능 여부

바닷가 토지 구입 시 주말농장이나 밭으로 사용하지 않을 경우라면, 최우선적으로 건축이 가능한지 판단해야 한다. 토지를 구입한 이후에 확인하면 늦기 때문에 토지 구입 이전에 확인하고, 구입해야만 한다. 건축이 가능한 토지인지 확인하려면, 여러 방법이 있기에 몇 가지를 안내한다.

① 토지이용규제정보서비스(luris.molit.go.kr) 검색
② 건축사무소를 통한 확인 방법
③ 시청(구청) 건축허가과를 통한 확인 방법

첫 번째로 토지이용규제정보서비스 사이트에 들어가서 토지이용계획에서 토지의 지번을 입력하면, 토지의 대략적인 정보를 알 수 있다. 세부적으로 단독주택이 건축이 가능한지 확인하려면, 행위제한정보에 들어가서 토지의 지번을 입력한 뒤 토지이용행위에 '단독주택'이라고 입력하고 검색한다. 그러면 건축 가능한 토지인지 대략 확인이 가능하다. 대략 확인이 가능하다고 한 이유는 토지

토지이용규제정보서비스 화면

토지이용규제정보서비스 행위제한정보

는 실제 건축이 가능하다고 하더라도 토지에 따른 정확한 규제가 사이트에 반영이 되지 않는 경우도 있고, 현장에 방문했을 때 변동 사항이 생길 수 있기 때문이다. 첫 번째 방법은 손쉽게 알아보는 방법이지만 정확하게 확인하고 싶다면, 다음에 소개하는 방법으로 확인하는 것이 가장 확실하고 안정적이다.

두 번째로 토지 지역 인근에 있는 건축사무소를 통한 확인 방법이다. 건축사무소에 전화를 해서 지번을 얘기하고, 건축을 하려 하는데 건축이 가능한 토지인지 물어보면, 확인이 가능하다. 건축사무소에서는 토지에 대해 설계와 허가를 진행하게 될 수도 있기에 웬만한 곳이면 친절하게 답변을 주는 곳이 많을 것이다. 건축법상 4m 이상의 도로가 있어야 하지만, 읍면동 단위에서는 2m 도로에서도 건축이 가능한 경우가 있기에 지역 건축사무소를 통해 정확한 건축 가능 여부를 확인하길 바란다.

세 번째로 시청(구청) 건축허가과를 통해 확인하는 방법이다. 가장 확실한 방법으로, 공무원을 통해 내가 원하는 토지가 건축이 가능한지 확인하는 방법이다. 관할 관청 담당자(건축과)에게 전화를 걸어 지번을 얘기하고 건축이 가능한지 질문하면, 민원이기 때문에 설명을 잘 해줄 것이다. 첫 번째로 설명한 토지이용규제사이트에서 검색한 정보를 통해서도 안 나오는 정보로 인해 건축이 불가능할 경우도 있으니, 공무원을 통해서 확인하는 것이 제일 정확하게 확인하는 방법이다.

이처럼 여러 방법으로 건축이 가능한 토지인지 확인 가능하다. 도로가 없는 맹지이거나, 도로에 조금 붙어 있어서 건축이 불가능하다거나, 농림지역으로 건축이 불가능하다거나, 문화재지역으로 건축이 불가능하다든지 하는 다양한 건축 불가능 사유가 있지만, 앞의 3가지 방법을 통해 건축 관련 지식이 없는 분들도 전문가에게 질문을 통해서 건축이 가능한 토지인지 정확하게 알 수 있으니 잘 활용하길 바란다.

바닷가 토지 선택 시 핵심 포인트 :
건물 크기

　바닷가 토지 선택 시 또 하나 가장 중요한 포인트는 건물을 어
느 정도로 건축할지 여부다. 바닷가 토지 대부분은 도시 이외 지
역이어서 관리지역으로 되어 있다. 관리지역의 건폐율과 용적률

관리지역의 건폐율과 용적률

용도지역			건폐율	용적률
도시지역	주거지역	제1종 전용주거지역	50%	50~100%
		제2종 전용주거지역	50%	100~150%
		제1종 일반주거지역	60%	100~200%
		제2종 일반주거지역	60%	150~250%
		제3종 일반주거지역	50%	200~300%
		준주거지역	70%	200~500%
	상업지역	중심상업지역	90%	400~1500%
		일반상업지역	80%	300~1300%
		근린상업지역	70%	200~900%
		유통상업지역	80%	200~1,100%
	공업지역	전용공업지역	70%	150~300%
		일반공업지역	70%	200~350%
		준공업지역	70%	200~400%
	녹지지역	보전녹지지역	20%	50~80%
		생산녹지지역	20%	50~100%
		자연녹지지역	20%	50~100%
관리지역		보전관리지역	20%	50~80%
		생산관리지역	20%	50~80%
		계획관리지역	40%	50~100%
농림지역			20%	50~80%
자연환경보전지역			20%	50~80%

은 앞의 표와 같다.

건폐율이란 대지면적에 건축할 수 있는 1층 부분의 면적을 말하
며, 용적률이란 대지면적에 건축한 각 층의 면적을 합계 낸 연면적
을 말한다. 만약 1층 15평, 2층 15평인 30평 건물을 건축하고자 할
때 토지가 계획관리지역이라고 하면, 필요한 토지의 크기는 약 40
평만 되어도 1층 15평, 2층 15평 건물의 건축이 가능하다.

건폐율

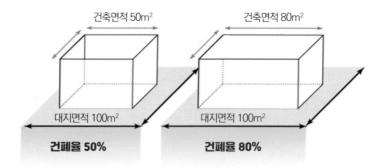

용적률

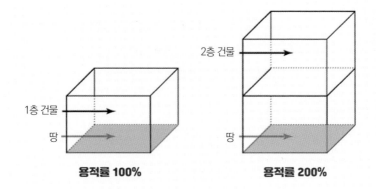

여유 있는 텃밭이나 마당운용을 위해서는 넓은 평수의 토지를 선택하면 되지만, 경험상 마당이나 텃밭을 쓰기 위해서 어느 정도의 토지는 필요하지만, 많은 돈을 주고 마당 또는 텃밭을 위한 토지는 필요하지 않다고 본다. 이런 부분이 있기에 100평 이하의 토지가 메리트가 있으며, 100평대의 토지가 가격이 비싼 경우가 많다.

Tip

※ 전원주택의 텃밭은 의외로 손이 많이 가고, 신경 쓸 부분이 많으므로 5평 이하 소규모로 하길 권한다. 촌 특성상 집 부근에도 작은 텃밭을 만들 정도의 토지가 많으므로, 주택 내부나 거주지 내에 꼭 고집할 필요는 없다.

다시 한 번 말하지만 정확하게 건축이 가능한지 정확한 건폐율/용적률을 알고 싶다면, 전문가에게 문의하는 것이 좋다. 너무 중요하기 때문에 자주 설명하게 되는데, 필수적으로 확인하고 토지를 구매하길 바란다. 토지를 구매하고 건축이 불가능하다면 농사를 짓거나 해야 하는데, 이는 토지 구매 목적에서 벗어날 뿐만 아니라 건축이 불가능한 토지는 가격도 제값을 받지 못하기 때문에 두 번, 세 번 강조해도 지나침이 없으니 주의하기 바란다.

토지 구입 시
협상 방법

　토지 거래 시 판매하는 사람은 비싸게 팔고 싶고, 구매하는 사람은 싸게 사고 싶어 한다. 대부분의 사람들은 이렇게 생각하기에 토지 시세를 자신이 정확히 파악하고 있어야 한다. 공인중개사나 지인의 말보다는 스스로 분명하게 알고 있어야 후회를 줄일 수 있다. 토지 시세를 정확하게 알아야 싸게 나온 토지를 발견할 수 있다. 시세를 정확하게 모른다면 이 토지가 싸게 나온 토지인지, 비싸게 나온 토지인지 알 수가 없기에 좋은 기회도 놓치게 된다. 만약 자신이 원하는 토지를 발견하고, 자신이 가진 자본금으로 구매가 가능할 때에는 협상을 하게 된다. 토지 구입 시 협상할 때도 다양한 변수가 있기에 몇 가지 사례를 들어본다.

　　① 공인중개사를 통한 거래
　　② 실제 땅 주인과의 거래
　　③ 택지분양으로 분양하는 토지 거래

　첫 번째로 네이버 부동산, 지역정보지, 교차로, SNS, 지역 부동산 사이트 등 다양한 매물이 올라오는 곳에서 보면, 개인이 보유한 매물은 많지 않고 거의 공인중개사가 매물을 올리는 경우가 많다. 공인중개사를 통한 거래 시에는 공인중개사에게 어느 정도 절충이 가능한지 문의하고, 최대한 절충을 요청해야 한다.

자신이 가진 돈을 정확하게 얘기하고 절충을 할 수도 있고, 얼마까지 절충이 가능한지 물어보는 방법이 있다. 내 경험으로는 토지를 정확히 분석하고 시세를 파악해서 자신이 어느 정도 금액이면 구매가 가능한지 금액을 설정하고, 공인중개사에게 이 금액으로 협상이 가능한지 문의했던 게 협상이 잘됐던 경험이 있다. 그러려면 정확한 시세분석과 현장분석을 통해 토지의 장단점을 분석하고 정리해서 공인중개사에게 설명을 하는 것이 중요하다.

만약 정말 좋은 땅이 시세 대비 엄청 싸게 나왔다면, 누군가 빨리 구매할 수 있기에 절충할 것도 없이 일단 계약금을 걸고 시작하는 것도 방법이다. 하지만 토지는 시간을 두고 지켜봐야 장단점을 알 수 있기에 섣부른 판단은 실수를 초래할 수도 있다. 토지를 구매하는 금액이 적은 금액이 아니기에 거듭 신중해야 실수를 하지 않을 것이다.

예전에 내가 공인중개사에게 의뢰할 때 "이 토지는 지목이 전답이라서 농지 전용금이 발생되고, 상수도가 멀리 있어서 상수도 설치비가 많이 소요될 것 같습니다. 토목공사에도 많은 비용이 소모될 것 같아 이 정도 금액으로 사고자 합니다"라고 말하면 공인중개사도 이해를 하고, 어느 정도 주인과 절충을 통해서 토지 금액을 낮춰서 구매했던 경험이 있다. 독자분들도 토지의 장단점을 잘 분석해서 좋은 가격에 구매하셨으면 한다.

두 번째로 실제 땅 주인과의 거래하는 방법이다. 실제 땅 주인과의 토지 거래는 무척 싸게 구입할 수 있는 경우가 많다. 개인과 거래 시에는 개인에게 연락해 매물로 내어놓은 물건을 거래하기도 하고, 동네 이장이나 유지분들을 통해서 구입하는 경우가 많다. 이런 경우 시세 대비 싸게 나오는 물건들이 많다.

공인중개사들도 직접 발품을 뛰면서 홍보하고, '땅 삽니다' 부착물도 붙이면서 개인 판매자를 확보해 토지를 중개하는 경우도 싸게 나온 토지를 잡기 위함이다. 개인 거래 시에는 땅 주인과 마음이 상하지 않는 범위 내에서 최대한 절충을 하는 것이 중요하다. 추후 이 땅에 들어와서 건축을 하면, 주변 이웃들과도 잘 지내야 하기 때문이다. 개인 거래라는 것이 공인중개사를 통하는 물건보다 대체로 저렴한 경우가 많기에 시세를 잘 분석해서 적정가격에 구매하시길 바란다. 나는 해보지는 않았지만, 원하는 토지가 있으면 지역 이장님이나 노인정 같은 곳에 찾아가면, 매물로 나오지는 않았지만 개인이 판매하고자 하는 토지들이 아주 값싸게 나온 경우도 있다고 하니 싸고 좋은 토지를 찾는 분들은 한번 시도해보길 권한다.

추가적으로 바닷가 토지 시세에 대해서 가장 정확히 알고 있는 사람은 과연 누구일까? 토지를 자주 접하고, 매일 거래를 하는 공인중개사일 것이다. 몇몇 공인중개사 중에는 실제로 좋은 땅이 나오면, 본인이 구입한 뒤 세금이 줄어들 때 다시 땅을 내놓는 분들이 있다. 이런 일이 발생하더라도 정확한 토지 시세와 건축비용,

건축물 시세를 파악하고 있다면, 손익을 따져서 토지를 구매할 수 있을 것이다. 다시 말하지만 자신이 정확한 시세를 파악하는 방법과 기준을 세우는 것이 가장 중요하다.

토지 실거래가
확인 방법

앞서 여러 번 얘기했듯이 토지 시세와 실거래를 분석하는 것이 중요하다. 토지 시세를 정확히 알아야 싸고, 좋은 땅을 구매할 수 있는 기회를 잡을 수 있기 때문이다. 토지 실거래가를 확인해서 주변 토지는 이 정도의 금액으로 거래되고, 몇 년 전에는 어느 정도의 금액으로 거래됐는지 자료를 확인한다면, 분석을 통해 현재의 시세를 대략적으로 그려볼 수 있을 것이다. 그럼 토지 시세와 실거래를 확인하는 방법을 몇 가지 소개한다.

① 스마트폰을 통한 확인 방법
② 인터넷을 통한 확인 방법
③ 등기부등본을 통한 확인 방법

첫 번째로 요즘에는 스마트폰을 통해서 지번도 확인하고, 토지 정보를 찾는 경우가 많다. 내가 자주 사용하는 어플 중에 '밸류맵'이란 어플이 있다. 전국의 토지 시세를 연도별, 지역별로 자세히 알 수 있는 어플로, 이동 중에도 간편하게 시세를 알아볼 수 있다.

검색 창에 지번만 넣으면, 토지가 거래된 연도와 금액이 나오니 검색해보길 바란다. 토지뿐만 아니라 주택, 아파트, 상가 등도 잘 나와 있으니 알아두면 유용하게 시세를 파악하는 데 사용할 수 있을 것이다.

밸류맵 스마트폰 화면

검색 후 상세보기 선택 시 토지 정보 확인 가능

두 번째로 인터넷을 통해 확인하는 방법이다. '국토교통부 실거래가 공개시스템(http://rt.molit.go.kr)'을 검색하면 사이트가 나오는데, 연도별, 지역별로 토지의 크기를 비롯해 거래된 금액이 자

바닷가 게스트하우스
건축하기

세하게 나와 있다. 토지를 구매하기 전에 이 토지는 언제 거래됐고, 얼마의 금액에 거래됐는지 알 수 있으며, 사려고 하는 토지 이외에 인근 주변의 토지가 거래된 가격을 한눈에 볼 수 있는 사이트이니 참고하기 바란다.

국토교통부 실거래가 공개시스템 홈페이지

지역 선택 이후 검색화면

세 번째로 등기부등본을 떼어 확인하는 방법이다. 대법원 인터넷등기소에 들어가서 열람하기를 선택하면 등기부등본을 인터넷상에서 확인할 수 있고, 발급하기를 선택하면 프린터를 통해 인쇄해볼 수 있다. 이때 소정의 수수료가 발생한다. 토지등기부등본을 떼어 보면, 토지 정보, 크기, 지목 등 토지의 기본정보를 알 수 있고, 해당 토지가 언제 거래됐고 얼마에 거래됐는지도 자세하게 나와 있다. 토지등기부등본을 통해 해당 토지의 최종 거래시점을 확인하고, 거래 금액을 확인해 토지를 구매하는 사람은 토지의 대략적인 시세 상승폭과 거래 시점을 파악할 수 있는 것이다.

이처럼 다양한 토지 정보가 나와 있는 토지등기부등본은 토지를 거래할 때 필수적으로 떼어 봐야 하는 것으로 토지의 판매자에 대한 정보도 나와 있기에 사기도 미연에 방지할 수 있다. 해당 토지의 역사가 기록되어 있는 등본은 토지 거래 이전에는 필수적으로 떼어 봐야 한다.

인터넷등기소 홈페이지

인터넷 등기 발급

등기사항전부증명서(현재 유효사항)
- 토지 -

고유번호 1717-1996-▨▨▨

[토지] 경상북도 포항시 남구 호미곶면 구만리 ▨▨

【 표 제 부 】	(토지의 표시)				
표시번호	접 수	소 재 지 번	지 목	면 적	등기원인 및 기타사항
5	2017년9월22일	경상북도 포항시 남구 호미곶면 구만리 ▨▨	전	231㎡	지목변경

【 갑 　 구 】	(소유권에 관한 사항)			
순위번호	등 기 목 적	접 수	등 기 원 인	권리자 및 기타사항
4	소유권이전	2019년4월18일 제26723호	2019년2월17일 매매	소유자 김병균 830506-******* 경상북도 포항시 남구 인덕로 ▨▨, (인덕동, ▨▨빌라) 거래가액 금40,000,000원

【 을 　 구 】	(소유권 이외의 권리에 관한 사항)
	기록사항 없음

-- 이 하 여 백 --

관할등기소　대구지방법원 포항지원 등기과

토지 매매 시
주의사항

대부분 토지매매 시 공인중개사를 통해서 하겠지만, 토지 매매 시 꼭 알아야 할 주의사항이 6가지가 있다.

① 맹지(도로가 없는 토지)
② 그린벨트 지역
③ 지분매매
④ 가격은 저렴하나 추가적인 비용이 많이 드는 토지
⑤ 주변인심이 안 좋은 곳
⑥ 아무 문제없어 보이나 숨어 있는 문제

첫 번째로 맹지, 즉 도로와 붙어 있지 않은 땅은 피해야 한다. 건축을 위한 기본요건에 있는 도로가 없기 때문에 건축이 불가능한 땅은 구매하지 말아야 한다. 몇몇 부동산에서 맹지는 가격이 싸고, 투자 가치가 있을 수도 있기 때문에 권하기도 하는데, 부동산에 대해 많은 지식이 없는 분은 맹지를 구매하지 않는 것이 좋다. 물론 고수분들은 맹지탈출을 위해서 추가로 땅을 매입한다던가, 도로 사용승낙서를 받아서 도로를 내고 건축하시는 분도 있지만, 말이 쉽지 막상 맹지를 탈출하는 사례가 많지 않다. 맹지는 가격이 싸도 거래가 잘 이뤄지지 않기 때문에 돈이 묶이는 상황이 발생할 수도 있어서 최대한 피해야 한다. 하지만 목적이 건축이 아니고 투자라면 달라지기도 한다.

두 번째로 그린벨트 지역은 피해야 한다. 바닷가 토지 중 그린벨트 지역은 많지 않으나, 간혹 싸게 나온 토지가 그린벨트인 지역이 있다. 가격이 싸다고 그린벨트(개발제한구역)를 구매하면 안 된다. 그린벨트 지역은 건축이 불가능할 뿐만 아니라 개발이 불가능하다. 일부 지역의 그린벨트가 해제되는 지역도 있으나 정보를 먼저 알고, 구매하기는 매우 어렵다. 그린벨트 해제가 무조건 되는 토지가 있으면 구매해도 되나, 그게 아니라면 구매는 추천하지 않는다.

세 번째로 지분으로 매매하는 토지는 구매하지 않는 것이 좋다. 지분매매는 대부분 기획 부동산에서 사람들에게 속여서 팔거나, 땅덩어리가 커서 지인과 같이 구매할 때 많이 이뤄지는 방식이다. 하나의 토지에 여러 명의 소유주가 있기 때문에 건축을 위해서는 모든 사람들의 동의를 받아야 하고, 동의를 받는다고 하더라도 건축 이후 분쟁에 휘말릴 경우가 많은 토지이기 때문에 지분매매는 하지 않는 것이 좋다.

네 번째로 가격은 주변 토지 시세에 비해 상대적으로 저렴하나, 추가적인 비용이 많이 드는 토지는 피하는 것이 좋다. 추가적인 비용을 포함해도 주변 시세보다 저렴하다면 구입해도 되지만, 비용뿐만 아니라 시간과 걱정, 고민도 포함되기에 사지 않는 것이 좋다. 추가적인 비용이란 다양한데 예를 들면, 주변보다 땅이 낮아서 드는 성토비용과 땅이 높아서 드는 절토비용이 있다. 또한 어떤 곳은 물이 많아서 지반을 다지기 어려워 비용이 드는 곳도 있다. 이런 땅의 형질을 변경하는 토지는 흙을 구하거나 버리는 데 시간이 오래 걸리기도 하고, 흙 처리할 곳을 찾기가 마땅히 어려울 때도 많다. 또 상수도가 없어서 지하수를 파야 되는 토지나, 전기가 너무 멀리 있어 설치비가 많이 들거나, 하수도가 없어서 하수처리비용이 추가되는 토지 등 다양하게 부가적인 비용이 많이 들어가는 토지가 있다. 토지 가격만 싸다고 덜컥 사지 말고, 이런 부가적인 비용까지 따져가며 토지 구매를 해야만 한다.

다섯 번째로, 주변인심이 안 좋은 곳이다. 인심은 수치적으로 설명하기 어렵지만, 살아가면서 무시하지 못하는 부분이다. 나도 건축을 할 때 너무나 고통스러웠고, 현재까지도 주변 이웃 때문에 고통 받고 있다. 도시지역을 구매할 때는 큰 상관이 없지만, 시골 토지를 구매할 때는 간과할 수 없는 부분이므로 재량껏 주변 인심을 파악하고, 구매하기 바란다. 경험상 토지를 매매할 때 가장 주의해야 할 점으로 생각한다.

여섯 번째로, 아무 문제없어 보이나 숨어 있는 문제를 파악해야 한다. 토지를 봤을 때 아무 문제없어 보이고, 주변 환경과 풍경도 좋다. 관련 서류를 떼어 봐도 문제가 없는 경우가 있는데, 건축이 되지 않는 경우가 있다. 관리지역이라고 할지라도 문화재나 비오톱(Biotope, 생태서식공간)으로 설정된 지역이 있는데, 이런 지역은 건축이 어려운 경우가 많다. 수도시설이 잘되어 있는 지역인 줄

알았는데, 알고 보니 수도가 연결되기 어려운 지역이 있고, 주변에 분명히 전봇대가 있는데 전기를 해당 토지까지 끌어오기 어려운 지역도 가끔 있다. 도로에 분명히 붙어 있는 토지인데, 도로로 인정받지 못하는 도로로 건축이 불가능한 경우도 있다. 이처럼 볼 때는 아무 문제없어 보이는 토지도 미처 생각지도 못한 문제가 튀어나올 수 있으니 참고하길 바란다.

촌집 구매를 통한
토지 확보 방법

토지를 구매하는데 촌집을 왜 구매하는지 의문을 가지는 분들이 있을 것이다. 읍면지역에는 저렴한 가격에 나온 촌집들이 가끔 있다. 주변 토지와 비교해서 촌집을 구매할 때 금액을 비교해보면, 간혹 토지만 있는 곳보다 같은 크기라고 봤을 때 촌집이 더 싸게 나온 곳도 가끔 있었다. 이런 촌집을 구매해야 하는 이유가 몇 가지 있고, 이는 큰 장점이기에 소개하고자 한다.

① 촌집은 지목이 대지로, 별도의 전용비용이 필요 없다
② 기존에 사람이 살던 곳으로, 상하수도 및 전기 등 기반시설이 완비되어 있다
③ 허가가 용이하다

첫 번째로 촌집은 지목이 거의 대지로 되어 있어 지목변경을 하는 비용이 들지 않는다. 대지 전용비용이 평수에 따라 다르겠지만, 큰 비용이 발생할 때도 있으니, 지목이 대지라면 전용비용이 들지 않기 때문에 비용을 줄일 수 있는 것이다. 이런 부대비용이 늘

바닷가 게스트하우스
건축하기

어나는 것을 최소화해서 건축을 해야 하기에 이런 비용도 무시하지 못한다.

간혹 오래된 촌집의 경우 주택이 정상 등기가 완료되지 않았거나, 대지전용이 이뤄지지 않아 주택이 있는 땅임에도 대지가 아닌 경우도 간혹 있다. 하지만 이런 경우는 드문 경우고, 대부분 대지로 이뤄져 있다. 주변 대지와 크기 및 위치적으로 비슷하다면, 촌집도 눈여겨보길 바란다.

두 번째로 촌집은 기존에 사람이 살던 곳으로, 상하수도 및 전기 등 기반시설이 완비되어 있다. 따라서 상하수도 및 전기 등을 별도로 설치할 필요 없이 대부분 수선을 통해서 사용할 수 있기 때문에 기타 제반시설 비용이 추가되지 않는다. 사람이 살던 곳이기에 이런 시설뿐만 아니라, 기타 편의시설도 주변에 있을 수 있기에 비용 측면에서 많이 아낄 수 있다.

기반시설이 가까운 곳에 있다면 비용을 조금 추가하면 연결이 가능하나, 만약 상하수시설과 전기시설이 먼 거리에 있다면, 도로 터파기, 포장공사 등 많은 비용이 추가로 발생할 수 있다. 가성비가 좋은 바닷가 게스트하우스 건축을 위해서는 이러한 기반시설 비용을 최소화하기 위해 촌집을 눈여겨봐야 한다.

세 번째로 기존에 주택이 있던 자리이기에 허가가 나기가 쉽다. 별다른 제약사항이 없다면, 기본적으로 기존 건축물이 있던 자리는 허가가 나는 땅의 증명이기에 관공서에서도 금방 허가를 진행시켜줄 것이다.

이처럼 많은 장점이 있는 촌집을 구매해 촌집을 허물고, 멸실 신고를 통해서 토지로 보유한다면 허가가 잘 나오고, 기반시설이 잘 되어 있는 토지를 구매하는 것과 동일하기에 이런 촌집이 싼 가격에 나온다면 잘 지켜봐야 할 것이다. 촌집을 리모델링하는 것도 하나의 방법이지만, 기존 토지보다 싸게 구입해 새 집을 짓는 것이 목적이기에 리모델링에 대한 이야기는 제외하도록 하겠다. 만약 촌집을 없애고자 한다면 관공서에 멸실 신고를 하고, 건축물 철거 업자와 폐기물 처리업체를 선정해 건축물 철거와 폐기물 처리를 맡기면 된다. 나도 처음 토지를 구매할 때 이런 촌집을 구매해 멸실 신고 이후 촌집을 철거해서 예쁜 토지를 만든 경험이 있고, 시세차익이 있었기에 소개한다.

토지의
지목

　토지는 28가지의 지목이 있다. 우리가 잘 알고 있는 전(밭), 답(논)이 있고, 건축이 바로 가능한 대지가 있다. 이외에 과수원, 임야, 하천, 묘지 등 다양하게 있으나, 우리가 이런 지목에 대해서 모두 자세히 공부하고, 알 필요는 없다. 단, 건축이 가능한지만 확인하면 되는 것이다. 건축이 가능한 토지인지는 앞의 '바닷가 토지 선정 시 핵심 포인트 : 건축 가능 여부'를 참고하면 된다. 묘지라고, 하천이라고, 건축이 불가능한 것은 아니다. 실제로 하천이라는 지목에 건축을 해서 게스트하우스를 건축했다. 일반적으로 들어보지 못한 지목도 건축에는 별 영향을 미치지 못하는 경우가 많기에 지목이 많이 알려진 전, 답, 대지, 잡종지가 아니라고 제외하지 말고, 전문가와 상의해 건축이 가능한지만 확인하면 된다. 건물 준공 이후에는 모두 대지로 변경이 가능하기에 지목은 그다지 신경 쓰지 않아도 되는 것이다.

　이처럼 지목은 건축할 때 별다르게 상관은 없지만, 지목을 잘 알고 있으면 토지를 싸게 살 수 있는 방법이 있다. 토지를 찾아보고 시세를 알아보다 보면, 밭이 논보다 비싸고 사람들에게 많이 알려

지목의 종류(공간정보의 구축 및 관리 등에 관한 법률 제67조)

지목	부호	설명
전	전	물을 상시적으로 이용하지 않고 곡물·약초·관상수 등의 식물을 주로 재배하는 토지
답	답	물을 상시적으로 이용해 벼·연·미나리·왕골 등의 식물을 주로 재배하는 토지
과수원	과	사과·배·밤 등 과수류를 집단적으로 지배하는 토지와 이에 접속된 저장고 등
목장용지	목	축산업 및 낙농업을 하기 위해 초지를 조성한 토지, 가축을 사육하는 축사 등의 부지
임야	임	산림 및 원야를 이루고 있는 수림지·죽림지·암석지·자갈땅·모래땅 등
광천지	광	지하에서 온수·약수·석유류 등이 용출되는 용출구와 그 유지에 사용되는 부지
염전	염	바닷물을 끌어 들여 소금을 채취하기 위해 조성된 토지와 이에 접속된 제염장 등
대지	대	주거·사무실 등 영구적 건축물과 이에 접속된 부속시설물, 택지조성공사가 준공된 토지
공장용지	장	제조업을 하고 있는 공장시설물의 부지, 관계법령에 의해 공장부지조성공사가 준공된 토지
학교용지	학	학교의 교사와 이에 접속된 체육장 등 부속시설물의 부지
주차장	차	주차에 필요한 독립적인 시설을 갖춘 부지와 주차전용 건축물 및 이에 접속된 부속시설물의 부지
주유소용지	주	석유 등의 판매를 위해 일정한 설비를 갖춘 시설물의 부지, 저유소 및 원유저장소의 부지 등
창고용지	창	물건 등을 보관, 저장하기 위한 보관시설물의 부지와 이에 접속된 부속기설물의 부지
도로	도	교통운수를 위해 보행 또는 차량운행에 이용되는 토지와 휴게소 부지 등
철도용지	철	교통운수를 위해 이용되는 토지와 이에 접속된 역사·차고·발전시설 등 부속시설물의 부지
제방	제	조수·자연유수·모래·바람 등을 막기 위해 설치된 방조제·방사제·방파제 등
하천	천	자연의 유수가 있거나 있을 것으로 예상되는 토지
구거	구	인공의 수로·둑 및 그 부속시설물의 부지와 자연의 유수가 발생되거나 예상되는 소규모 수로부지
유지	유	댐·저수지·소류지·연못 등의 토지와 연·왕골 등이 자생하는 배수가 잘 안 되는 토지
양어장	양	수산생물의 번식 또는 양식을 위한 인공시설을 갖춘 부지와 이에 속한 부속시설물의 부지
수도용지	수	물을 정수해 공급하기 위한 취수·저수 및 배수시설의 부지와 이에 속한 부속시설물의 부지
공원	공	일반 공중의 보건·휴양을 위한 시설을 갖춘 토지로써 공원 또는 녹지로 결정·고시된 토지
체육용지	체	국민의 건강증진을 위한 체육시설의 토지와 이에 속한 부속시설물의 부지
유원지	원	일반 공중의 위락·휴양 등에 적합한 시설의 토지와 이에 속한 부속시설물 부지
종교용지	종	일반 공중의 종교의식을 위한 교회·사찰 등 건축물의 부지와 이에 접속된 부속시설물의 부지
사적지	사	문화재로 지정된 역사적인 유적·고적·기념물 등을 보존하기 위해 구획된 토지
묘지	묘	사람의 시체가 매장되어 묘지공원으로 결정·고시된 토지 및 이에 속한 부속시설물의 부지
잡종지	잡	다른 지목에 속하지 않는 토지. 갈대밭, 변전소, 송유시설, 도축장, 쓰레기처리장 등

바닷가 게스트하우스
건축하기

진 대지가 더 비싼 것을 알 수가 있다. 하지만 앞서 말했듯 우리는 건축을 할 것이기에 지목은 아무 상관이 없다. 밭이 논보다 비싸면 논을 사면 되는 것이다. 하천이나 잡종지, 염전과 같은 일반적으로 들어보지 않은 지목들은 대부분 사람들이 잘 모르기에 가격이 낮은 경우가 있다. 우리는 이런 잘 들어 보지 못한 지목이 나와도 당황하지 말고, 전문가와 상의해 건축이 가능한지만 확인한 뒤 구매하면, 남들보다 싸게 구입할 수 있는 것이다. 토지 지목의 이런 성질을 잘 알고 토지를 구매한다면, 좋은 가격에 토지를 구할 수 있다.

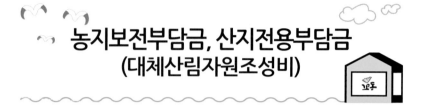

농지보전부담금, 산지전용부담금
(대체산림자원조성비)

　농지보전부담금은 농지를 대지로 변경할 때 내야 하는 부담금이다. 대지가 아닌, 농지를 구입할 때 농지보전부담금까지 계산해봐야 해당 토지의 정확한 가격이 나오는 것이다. 우리는 건축을 할 것이기에 건축 준공 이후에 농지를 대지로 변경해야 한다. 농지전용부담금을 계산하는 방법은 다음과 같다.

$$전용면적(m^2) \times (개별공지시가 \times 30\%) = 농지전용부담금$$

　예를 들면, 231m^2(70평) 토지에 m^2당 공시지가가 76,000원인 경우는 다음과 같이 계산한다.

$$231\,m^2 \times (76,000 \times 30\%) = 231\,m^2 \times 22,800 = 5,266,800원$$

　단 m^2당 공시지가의 30%가 50,000원을 초과할 경우에는 상한선을 50,000원으로 정한다.

산지전용부담금은 산지를 대지로 변경할 때 드는 부담금이며, 산지란 한마디로 '산'이고, '임야'라고 불린다. 임야는 가격이 저렴하기 때문에 구입하는데, 임야는 여러 가지로 구분되지만 전문적인 지식은 다 알 필요까지는 없고, 해당 임야가 건축이 가능한지만 알아보면 된다. 건축이 가능한지는 앞서 말했듯 인터넷, 건축사, 공무원에게 확인을 하면 된다. 임야는 일반 토지보다 까다로운 부분이 있기에, 아무런 제약이 없는 임야는 좋지만 명확히 알아보고, 임야를 구매하기를 권한다. 대부분 임야는 토지의 평수가 크고 산으로 되어 있지만, 가끔 도로에 접한 지목만 임야로 되어 있는 작은 토지도 있다. 산지의 구분에는 보전산지, 준보전산지로 구분되며, 내용은 다음과 같다.

산지의 구분 및 내용

산지의 구분		내용
보전산지	임업용산지	산림자원의 조성과 임업경영 기반의 구축 등 임업생산 기능의 증진을 위해 필요한 산지
	공익용산지	임업생산과 함께 재해방지, 수원보호, 자연생태계보전, 자연경관보전, 국민보건휴양증진 등의 공익 기능을 위해 필요한 산지
준보전산지		보전산지 외의 산지

산지전용부담금 계산식이다.

산지전용면적·일시사용허가면적(m^2)×(단위면적당 고시금액+ 해당 산지 개별공시지가의 1000분의 10)=산지전용부담금단, 개별공시지가의 1000/10을 반영하지만, 상한선은 단위면적당 금액 4,480원/m^2으로 한정한다.

예를 들면 231m^2(70평) 토지에 m^2당 공지시가가 76,000원인 경우는 다음과 같이 계산한다.

$$231m^2 \times (4,480+76,000 \times 1\%) = 231m^2 \times 5,240 = 1,210,440원$$

농지나 산지를 구입 시에는 대지로 전용하는 비용이 수반되기 때문에 대지와 농지+전용비용, 산지+전용비용을 비교해보면서 토지를 구매하길 바란다. 대략적인 전용비용은 계산할 수 있겠지만, 여러 변수가 있으니 토지 구매를 결정하고, 거래 시에는 한 번 더 전문가에게 부탁해 전용비용을 다시 한 번 확인하기를 권한다.

토지에 경작물 경작 시
참고사항

 내가 구매하려는 토지에 경작물이 있을 경우에는 판매자에게 미리 계약 전까지 경작물을 정리하면 잔금을 처리한다고 하면 된다. 만약 구매 시에 경작물이 있는 것을 깜빡하고, 구매를 한다던가, 구매한 뒤에 경작물이 심어져 있는 것을 확인한다면, 내 땅이라고 해도 마음대로 경작물을 없애지는 못한다. 법적으로 타인이 심어 놓은 경작물을 없앨 수는 있겠지만, 경작물을 마음대로 없앤다면 나중에 건축을 하고 마을에 살아야 하기에 인간적으로 어려움을 겪을 수 있다. 경작물 위에 작은 팻말로 건축 예정이니 경작물을 언제까지 철거해달라는 팻말을 붙여놓거나, 전화번호를 적어놓는다면 경작하는 사람과 조율을 통해 원만히 해결할 수 있을 것이다.

 지목에 따라 경작물이 있어야 하는 땅과 대지나 잡종지 등 농지가 아니지만,

경작금지 샘플

경작금지 실제 팻말

경작물이 있을 때는 농지전용금을 지불하게 되는 경우도 있으니,
건축사에게 조언을 듣고 합리적인 방향으로 해결을 보길 바란다.

바닷가 토지 찾기
실전 사례

바닷가 토지의 시세를 분석하고, 앞서 나온 일련의 과정을 통해 토지를 구매한 바닷가 토지 찾기 실전 사례를 공유하고자 한다.

① 호미곶 인근 바닷가 토지 구매(최초 구매)
② 연오랑세오녀 테마공원 인근 바닷가 토지 구매(게스트하우스 건축)
③ 호미곶 인근 바닷가 토지 구매(미래 건축을 위한 구매)

첫 번째로 2015년 4월에 포항 호미곶 인근에 있는 네모반듯한 66평짜리 토지를 찾게 됐다. 먼저 호미곶은 동해에서 제일 먼저 해가 뜨는 관광지로, 매년 1월 1일이면 많은 사람들이 해맞이 축제를 보러 모여드는 곳이다. 내가 최초로 구매한 토지는 낚시하기도 좋고, 앞에 건물이 가려서 바다 뷰를 볼 수는 없었지만, 2층으로 짓는다면 바다 뷰가 가능했다. 또한 20m 거리에 바다가 위치하기에 바닷가에 발 담그기도 좋고, 낚시하기도 좋은 위치였다.

이 토지를 찾을 때 방법은 지역 부동산 정보사이트(디디하우스)

를 통해 토지 판매자에게 연락을 해서 괜찮은 토지인지 확인한 다음, 공인중개사에게 부탁해 구매했던 것으로 기억한다. 지목은 잡종지였고, 지구단위계획구역(건폐율 60% 이하, 용적률 150% 이하)이었다. 66평 토지에 건폐율 60%로 1층에 39평을 지을 수 있고, 4층 이하로 전체 99평을 지을 수 있는 아주 괜찮은 토지로 3,700만 원에 구입하게 됐다. 최초 판매가액은 4,000만 원이었지만, 공인중개사에게 최대한 조율을 부탁해 절충했다.

처음 구매할 때 토지는 70페이지 상단의 사진과 같이 노후주택이 있었으나, 사람이 살지 못하는 그런 주택이었다. 촌집이 있는 토지로 주변 땅값보다 싸고 토지 모양도 직사각형으로 건축하기에 알맞은 토지였다. 30대 초반에 컨테이너 주택에 대한 낭만 같은 것이 있어서 빈티지한 스타일로 건축을 기획해 건축허가를 받고, 기존에 있던 노후주택은 멸실 신고를 통해 주택철거 공사도 실시했다. 주택철거 비용은 70페이지의 사진과 같이 철거만 하는 것이 아니고, 슬레이트 철거는 별도로 비용을 받는 경우가 있기에 업체에 맡겨서 약 500만 원 정도에 철거하고, 쓰레기 폐기물 처리까지 진행했다.

순조롭게 건축허가도 통과하고, 건축업자와 설계도면도 완성하고 진행을 추진했다. 그러나 지금 생각해보면 건축비용이 많은 비용은 아니었으나, 건축비용에 대한 압박과 주변 사람들의 만류 등으로, 2015년 12월 건축허가를 받은 땅을 4,000만 원에 다른 사람에게 판매했다. 구매를 한 사람은 건축을 해서 70페이지 우측 하단의 사진과 같이 PLC 공법으로 멋진 2층 집을 건축한 상태다.

이것이 첫 번째 토지 구매였는데, 여러 일들을 겪으면서 경험을 쌓고, 인간적으로 조금 더 성숙해지는 계기가 됐다. 이때의 경험을 바탕으로 추후 건축 시에 어떤 부분을 더 신경 써야 하며, 마음 관리는 어떤 식으로 해야 할지 갈피를 잡을 수 있었다.

① 처음 구매했던 토지 : 경상북도 포항시 남구 호미곶면

호미곶 인근 첫 토지

출처 : 네이버 지도

구매 당시 토지 현장

철거 공사

철거 완료 모습

생각했던 건축 모습

현재 토지 현장

바닷가 게스트하우스
건축하기

두 번째로 토지를 구매한 곳은 경북 포항 동해면에 있는 연오랑세오녀 테마공원 인근 바닷가였다. 토지를 구매할 때 주변 개발호재는 연오랑세오녀 테마공원 준공계획과 호미곶 해안 둘레길 준공계획이 있었다. 현재는 2가지 개발호재 모두 개발 완료된 상태이며, 많은 관광객들이 찾아오고 있다. 두 번째 구매한 토지는 개발호재와 함께 토지 바로 앞에 바닷가가 있어서 언제든지 낚시를 할 수 있는 토지였다. 이 토지는 이 책을 펴낼 수 있게 한 게스트하우스 건축을 한 토지이며, 인생을 살아가면서 많은 경험을 하게 해준 토지다.

앞선 실패를 경험한 뒤에도 바닷가 게스트하우스 건축에 대한 목표를 잃지 않고, 지난 토지를 판매한 자금으로 토지를 계속 알아보고 있었다. 이 토지 또한 지역 부동산 정보사이트(디디하우스)를 통해 토지를 판매하고 있는 공인중개사와 연락을 취해 토지를 확인하게 됐다. 처음 이 토지를 봤을 때 바닷가와 바로 붙어 있고, 직사각형 모양의 예쁜 땅모양에 반해 알아보게 됐다. 이 토지의 지목은 하천이었고, 자연취락지구(건폐율 60% 이하, 용적률 100% 이하)로, 78평의 토지에 건폐율 60%여서 1층에 46평을 짓고, 4층 이하로는 전체 78평을 지을 수 있는 아주 괜찮은 토지였다.

첫 번째 토지를 판매하고 한 달 뒤인 2015년 1월에 이 토지를 6,500만 원에 구매했다. 원래 구입 당시에 판매가격은 7,500만 원이었다. 하지만 공인중개사에게 "구매하고 싶지만, 가격이 너무 비싸다. 내가 가진 돈이 6,000만 원밖에 없다"라고 솔직하게 얘기하고, 절충이 되면 구매하겠다고 말했다. 그러고 나서 약 한 달 뒤쯤 공인중개사에게 연락이 왔는데, 6,500만 원이면 판매하겠다는 얘기를 듣고, 6500만 원에 구매를 하게 됐다. 이 토지에 게스트하우스를 건축하게 됐으며, 게스트하우스 건축에 대한 이야기는 다음 장에서 다룰 예정이다.

② 두 번째 토지 : 경상북도 포항시 남구 동해면

토지 모습

토지 앞 바다 모습

세 번째로 구매한 토지는 첫 번째 실패한 포항 호미곶 인근에 있는 토지였다. 이 토지를 구매하게 된 가장 큰 이유는 호미곶 인근 관광지이지만 생각보다 싸게 나왔기 때문이었다. 일단 가격이 위치에 비해 저렴해 알아봤고, 게스트하우스 건축을 하고 보니 지난번 건축 시의 단점을 보완해 건축하고자 구매하게 됐다. 그리고 첫 번째로 계획했던 호미곶 관광지에 게스트하우스를 한번 건축해보고 싶은 것이 이 토지를 구매하게 된 이유다.

이 토지의 지목은 전이고, 계획관리지역(건폐율 40% 이하, 용적률 100% 이하)이었다. 70평의 토지에 건폐율 60%로 1층에 28평을 짓고, 4층 이하로 전체 70평을 지을 수 있는 괜찮은 토지로, 4,000만 원에 구입하게 됐다. 이 땅도 앞의 두 사례와 마찬가지로, 지역 정보지(디디하우스)를 통해 지역 공인중개사와 연락한 뒤, 4,900만 원에 나와 있는 토지를 조율해 4,000만 원에 구매하게 됐다. 판매가격은 4,900만 원에 나와 있었지만, 농지이기 때문에 건축하려면 농지전용비용이 들고, 상수도가 마을과 떨어져 있어서 관공서를 알아보니 상수도 설치비용이 꽤 많이 들 것으로 판단했다. 가격을 절충해달라고 하니 4,000만 원에 구매할 수 있었다. 향후 이 토지를 어떤 식으로 활용할지는 뒤에 다루도록 하겠다.

③ 세 번째 토지 : 경상북도 포항시 남구 호미곶면

토지 위치

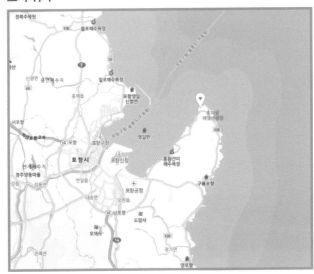

출처 : 네이버지도

토지에서 바다를 바라본 모습

바닷가 게스트하우스
건축하기

농지(밭, 논, 과수원) 구매 시
필요한 농취증

　농지를 구매하기 위해서는 농지취득자격증명서, 줄여서 농취증을 발급받아야 한다. 농취증을 발급받아야 등기를 할 수 있기에 농지를 구매한다면 필수적으로 받아야 하는 것이다. 나도 세 번째 땅이 전(밭)으로 되어 있어서 농취증을 발급받아야 했다. 농취증은 해당 농지 소재지의 해당 관청에 가서 농지취득자격증명신청서 양식대로 신청하면 발급이 가능하다. 신청 이후 일주일 이내로 발급이 되니, 등기접수 열흘 전에 신청을 해서 소유권이 넘어오는 등기접수 이전까지는 발급해놓는 것이 좋다. 이때 주의사항으로 1,000㎡(303평) 미만일 때는 주말체험영농으로 해서 간단히 농취증만 발급하면 되지만, 1,000㎡(303평) 이상의 농지를 구매할 때는 농업경영계획서도 같이 첨부해야 발급이 가능하다. 가성비 좋은 바닷가 게스트하우스 건축을 위해서 300평이 아닌, 100평 내외의 토지가 필요하므로, 농취증 발급만으로 농지 구매가 가능했다.

농지취득자격증명신청서

※ 뒤쪽의 신청안내를 참고하시기 바라며, 색상이 어두운 란은 신청인이 작성하지 않습니다. (앞쪽)

접수번호		접수일자		처리기간	4일 (농업경영계획서를 작성하지 않는 경우에는 2일)

<table>
<tr><td rowspan="4">농 지
취득자
(신청인)</td><td>①성 명
(명 칭)</td><td colspan="2">②주민등록번호
(법인등록번호)</td><td colspan="4">⑤취득자의 구분</td></tr>
<tr><td rowspan="2">③주 소</td><td colspan="2" rowspan="2"></td><td rowspan="2">농업인</td><td rowspan="2">신규
영농</td><td rowspan="2">주말 ·
체험영농</td><td rowspan="2">법인 등</td></tr>
<tr></tr>
<tr><td>④전화번호</td><td colspan="2"></td></tr>
</table>

<table>
<tr><td rowspan="3">취 득
농지의
표 시</td><td colspan="6">⑥소 재 지</td><td colspan="4">⑩농지구분</td></tr>
<tr><td rowspan="2">시 · 군</td><td rowspan="2">구 · 읍 · 면</td><td rowspan="2">리 · 동</td><td rowspan="2">⑦지번</td><td rowspan="2">⑧지목</td><td rowspan="2">⑨면적(㎡)</td><td colspan="2">농업진흥지역</td><td rowspan="2">진흥지역
밖</td><td rowspan="2">영농여건
불리농지</td></tr>
<tr><td>진흥구역</td><td>보호구역</td></tr>
</table>

⑪취득원인				
⑫취득목적	농업경영	주말 · 체험 영농	농지전용	시험 · 연구 · 실습지용 등

「농지법」 제8조제2항, 같은 법 시행령 제7조제1항 및 같은 법 시행규칙 제7조제1항제2호에 따라 위와 같이 농지취득자격증명의 발급을 신청합니다.

년　　월　　일

농지취득자(신청인) (서명 또는 인)

시장 · 구청장 · 읍장 · 면장 귀하

첨부서류	1. 별지 제2호서식의 농지취득인정서(법 제6조제2항제2호에 해당하는 경우만 해당합니다) 2. 별지 제4호서식의 농업경영계획서(농지를 농업경영 목적으로 취득하는 경우만 해당합니다) 3. 농지임대차계약서 또는 농지사용대차계약서(농업경영을 하지 않는 자가 취득하려는 농지의 면적이 영 제7조제2항제5호 각 목의 어느 하나에 해당하지 않는 경우만 해당합니다) 4. 농지전용허가(다른 법률에 따라 농지전용허가가 의제되는 인가 또는 승인 등을 포함합니다)를 받거나 농지전용신고를 한 사실을 입증하는 서류(농지를 전용목적으로 취득하는 경우만 해당합니다)	수수료 : 「농지법 시행령」 제74조에 따름
담당공무원 확인 사항	1.토지(임야)대장 2.주민등록표등본 3.법인 등기사항증명서(신청인이 법인인 경우만 해당합니다)	

행정정보 공동이용 동의서

본인은 이 건 업무처리와 관련하여 담당공무원이 「전자정부법」 제36조제1항에 따른 행정정보의 공동이용을 통하여 위의 담당공무원 확인사항을 확인하는 것에 동의합니다. ＊ 동의하지 않는 경우에는 신청인이 직접 관련서류를 제출하여야 합니다.

신청인(대표자)

(서명 또는 인)

210mm×297mm[백상지 80g/㎡]

바닷가 게스트하우스
건축하기

기재 시 유의사항

①란은 법인에 있어서는 그 명칭 및 대표자의 성명을 씁니다.

②란은 개인은 주민등록번호, 법인은 법인등록번호를 씁니다.

⑥란은 다음 구분에 따라 농지취득자가 해당되는 란에 ○표를 합니다.

　가. 신청당시 농업경영에 종사하고 있는 개인은 "농업인"

　나. 신청당시 농업경영에 종사하고 아니하지만 앞으로 농업경영을 하려는 개인은 "신규영농"

　다. 신청당시 농업경영에 종사하지 아니하지만 앞으로 주말·체험영농을 하려는 개인은 "주말·체험영농"

　라. 농업회사법인·영농조합법인, 그 밖의 법인은 "법인 등"

[취득농지의 표시]란은 취득대상 농지의 지번에 따라 매 필지별로 씁니다.

⑧란은 공부상의 지목에 따라 전·답·과수원 등으로 구분하여 씁니다.

⑩란은 매 필지별로 진흥구역·보호구역·진흥지역 밖으로 구분하여 해당란에 ○표를 합니다.

⑪란은 매매·교환·경락·수증 등 취득원인의 구분에 따라 씁니다.

⑫란은 농업경영 / 주말·체험영농 / 농지전용 / 시험·연구·실습용 등 취득 후 이용목적의 구분에 따라 해당란에 ○표를 합니다.

※ 농지취득 후 농지이용목적대로 이용하지 아니할 경우 처분명령 / 이행강제금 부과 / 징역·벌금 등의 대상이 될 수 있으므로 정확하게 기록하여야 합니다.

처리 절차

이 신청서는 무료로 배부되며 아래와 같이 처리됩니다.

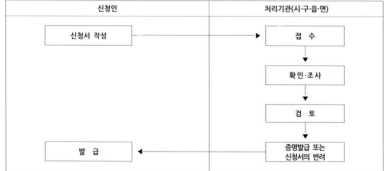

신청인	처리기관(시·구·읍·면)
신청서 작성	접 수
	확인·조사
	검 토
발 급	증명발급 또는 신청서의 반려

■ 농지법 시행규칙 [별지 제4호서식] 〈개정 2012.7.18〉

농업경영계획서

(앞쪽)

취득 대상 농지에 관한 사항	① 소재지			② 지번	③ 지목	④ 면적 (㎡)	⑤ 영농 거리	⑥ 주재배 예정 작목 (축종명)	⑦ 영농 착수시기
	시·군	구·읍·면	라·동						
	계								

농업 경영 노동력의 확보 방안	⑧ 취득자 및 세대원의 농업경영능력					
	취득자와 관계	성별	연령	직업	영농경력(년)	향후 영농여부
	⑨ 취득농지의 농업경영에 필요한 노동력확보방안					
	자기노동력		일부고용		일부위탁	전부위탁(임대)

농업 기계·장비의 확보 방안	⑩ 농업기계·장비의 보유현황					
	기계·장비명	규격	보유현황	기계·장비명	규격	보유현황
	⑪ 농업기계장비의 보유 계획					
	기계·장비명	규격	보유계획	기계·장비명	규격	보유계획

⑫ 연고자에 관한 사항	연고자 성명		관계	

「농지법」 제8조 제2항, 같은 법 시행령 제7조 제1항 및 같은 법 시행규칙 제7조 제1항 제3호에 따라 위와 같이 본인이 취득하려는 농지에 대한 농업경영계획서를 작성·제출합니다.

년   월   일

제출인   (서명 또는 인)

210mm×297mm[백상지 80g/㎡]

⑬ 소유농지의 이용현황

소 재 지				지번	지목	면적 (㎡)	주재배작목 (축종명)	자경 여부
시·도	시·군	읍·면	리·동					

⑭ 임차(예정)농지현황

소 재 지				지번	지목	면적 (㎡)	주재배 (예정)작목 (축종명)	임차 (예정 여부)
시·도	시·군	읍·면	리·동					

⑮ 특기사항

기재상 유의사항

⑤란은 거주지로부터 농지소재지까지 일상적인 통행에 이용하는 도로에 따라 측정한 거리를 씁니다.

⑥란은 그 농지에 주로 재배·식재하려는 작목을 씁니다.

⑦란은 취득농지의 실제 경작 예정시기를 씁니다.

⑧란은 같은 세대의 세대원 중 영농한 경력이 있는 세대원과 앞으로 영농하려는 세대원에 대하여 영농경력과 앞으로 영농 여부를 개인별로 씁니다.

⑨란은 취득하려는 농지의 농업경영에 필요한 노동력을 확보하는 방안을 다음 구분에 따라 해당되는 란에 표시합니다.

    가. 같은 세대의 세대원의 노동력만으로 영농하려는 경우에는 자기 노동력 란에 ○표

    나. 자기노동력만으로 부족하여 농작업의 일부를 고용인력에 의하려는 경우에는 일부고용 란에 ○표

    다. 자기노동력으로 부족하여 농작업의 일부를 남에게 위탁하려는 경우에는 일부 위탁 란에 위탁하려는 작업의 종류와 그 비율을 씁니다. [예 : 모내기(10%), 약제살포(20%) 등]

    라. 자기노동력에 의하지 아니하고 농작업의 전부를 남에게 맡기거나 임대하려는 경우에는 전부위탁(임대) 란에 ○표

⑩란과 ⑪란은 농업경영에 필요한 농업기계와 장비의 보유현황과 앞으로의 보유계획을 씁니다.

⑫란은 취득농지의 소재지에 거주하고 있는 연고자의 성명 및 관계를 씁니다.

⑬란과 ⑭란은 현재 소유농지 또는 임차(예정)농지에서의 영농상황(계획)을 씁니다.

⑮란은 취득농지가 농지로의 복구가 필요한 경우 복구계획 등 특기사항을 씁니다.

210mm×297mm[백상지 80g/㎡]

토지의 정확한 지번 알아보기(실속 팁)

　토지의 정확한 지번만 알아도 토지등기부등본이나 토지이용계획, 현장 임장 등을 통해 많은 정보를 알 수가 있다. 하지만 토지 정보 사이트나 공인중개사는 토지 지번을 잘 안 알려주는 경우가 많다. 이유는 토지 지번을 알고, 토지 주인과 직접 거래를 하거나, 토지 지번을 알고 다른 공인중개사가 판매를 해버리는 경우가 있기 때문에 공인중개사들은 현장을 같이 보지 않으면 알려주지 않는 경우가 많다.

　하지만 토지를 구매하는 분들의 대다수는 대체로 직장을 다니고, 시간적인 여유가 없기 때문에 일일이 현장을 모두 가볼 수 없는 상황이다. 이를 해결하고 토지 확인시간을 줄이고자 내가 했던 토지 지번을 빨리 알아보는 몇 가지 방법을 공유하고자 한다.

①　솔직하게 현재 내 상황을 얘기하고, 전화로 지번 요청하기
②　읍, 리까지 확인한 뒤 면적(㎡)을 확인해 토지 찾기
③　사진을 활용한 토지 찾기
④　실제 공인중개사와 현장 임장 가기

첫 번째로 공인중개사에게 현재 본인이 처한 상황과 시간여건상 갈 수 없는 이유, 공인중개사가 아니고 직장인이며, 지번에 대한 보안을 하겠다는 말로 통화를 하면 웬만한 공인중개사분들은 지번을 공개하시고, 보안에 대해 당부를 하며 알려주신다. 하지만 이 방법을 악용해 사용하지 않았으면 좋겠고, 실제로 보안을 지키며, 토지 지번을 확인해서 시간과 돈을 절약해 자신이 원하는 토지를 확인했으면 좋겠다. 진솔하게 공인중개사분들과 전화통화를 한다면 한 번의 인연이 끝이 아니라, 여러 번 좋은 인연으로 이어져서 다음번에는 편하게 토지 지번을 부탁할 수 있는 사이가 되기도 하니, 신뢰를 바탕으로 인연을 이어 나갔으면 한다.

두 번째로 토지 지번을 공개하지 않을 때와 내가 시간이 없을 때, 지역과 면적은 알고 있으나 정확한 토지 위치를 모를 때 토지 지번을 확인할 수 있는 방법이다. 먼저 네이버 지도와 토지이용규제정보서비스 사이트 창을 열고, 내가 알고 있는 정보를 활용해 읍면 지역, 면적, 각지, 해안가 접한 토지, 지목 등을 잘 활용해 어느 위치인지 대략적으로 검색해 찾아낼 수 있다. 처음에는 품을 들여야 하지만, 여러 번 찾다 보면 나와 있는 정보만으로 빠른 시간 안에 정확하게 어느 토지인지 확인 가능할 것이다. 토지의 면적과 지목, 관리지역 등은 토지이용규제정보서비스를 통해 확인 가능하고, 네이버 지도를 통해 비슷한 크기, 위치 등을 빠르게 찾아볼 수 있다. 여러 번 경험이 쌓인다면 금방 내가 원하는 토지의 지번이 어디인지 직접 가보지 않고서도 확인 가능할 것이다.

　세 번째로 사진을 통한 토지 지번 찾기다. 간혹 물건 중에 지번이 없지만, 사진을 올려놓은 토지가 있다. 사진을 보고 거리 뷰 시스템을 통해 토지의 면적, 위치, 주변 건물모습을 보고, 토지 지번을 찾는 방법이다. 두 번째 방법의 확인차원에서도 거리 뷰 시스템을 활용해 더욱더 명확하게 토지 지번을 찾을 수 있다. 거리 뷰 시스템은 실제로 토지에 가보지 않고도 토지 분위기, 주변상황을 알 수 있는 손쉬운 방법으로, 토지 찾기 시에 많이 사용되므로 필수적으로 알아야 한다. 그리고 다시 한 번 강조하지만, 거리 뷰로 보는 것과 현장 임장은 차이가 있다. 가장 좋은 방법은 현장 임장을 가야 한다.

　네 번째로, 실제 공인중개사와 현장 임장을 가는 것으로 시간이 많은 분들에게는 가장 추천하고 싶은 방법이다. 공인중개사분들 중에 토지 지번은 알려줄 수 없지만, 현장 임장을 같이 가자고 하시는 분들이 많다. 토지를 구매하는 사람이 공인중개사인지, 신뢰가 가는 사람인지, 확인 차원에서 같이 가자고 하는 것 같다. 공인중개사와 같이 현장을 가게 되면, 다양한 정보를 얻을 수 있으니 현장 임장을 가장 추천한다.

　이때 토지에 대해서 대략적이나마 설명을 듣고, 주변 건물, 마을,

인심, 편의시설 등에 대해서 개인적으로 조사 없이도 공인중개사에게 정보를 얻을 수 있으며, 현장에서도 바로바로 질문을 통해 궁금한 점을 확인할 수 있다. 추가적으로 좋은 점은 같이 현장 임장을 감으로써 공인중개사와의 인연을 만들 수 있다. 향후 좋은 토지가 나왔을 때나 토지에 대해 궁금한 사항이 있을 때 공인중개사와 친분이 있다면, 같이 현장 임장을 가지 않아도 토지 지번을 알려준다던가, 좋은 토지가 나왔을 때 추천을 해준다던가 하는 등 토지를 구매할 때 좋은 조언을 많이 얻을 수 있을 것이다.

현장 임장의
중요성

　현장을 실제로 가보는 임장은 토지를 구매하기 전에 필수적인 요소다. 만약 현장을 보지 않고, 토지를 구매한다면 토지를 구매한 뒤에 많은 후회가 있을 수도 있다. 토지의 분위기, 주변 상황 등은 현장에서만 느낄 수 있고, 알 수 있기 때문이다. 기획 부동산에서 토지를 구매하신 분들을 보면, 토지를 직접 보지 않고 판매자나 공인중개사가 해주는 청사진과 개발계획만 보고, 구매한 경우가 많다.

　실제로 나도 30대 초반에 토지를 구매하고 판매를 해본 뒤 자신감이 생겨서 기획 부동산의 개발계획이 있는 토지를 구매한 경험이 있다. 실제로 가보지 않고, 개발예정이라는 청사진만 믿고 구매를 했다. 내가 산 토지는 기획 부동산이 팔고 있는 맹지로, 개발예정지이긴 했지만 언제 개발이 될지, 개발계획이 언제 떨어질지 모르는 토지였다. 구매하기 전에는 개발되면 부자가 될 생각에 구매를 하지만, 구매 이후에는 언제 개발계획이 나올지, 건축도 할 수 없는 맹지가 대부분이기에 활용성도 없으니 중간에 처분이 가능할지 걱정이 많아진다. 작은 금액이 들어간 토지가 아니기에 계

　바닷가 게스트하우스
　　건축하기

속 걱정이 됐다.

결과적으로는 중간에 구매한 금액과 거의 같은 금액으로 처분했지만, 3년이 지난 현재까지도 그 토지는 개발할 것이라는 계획만 있지, 개발을 진행하고 있지 않다. 단기간에 처분이 불가능하거나, 개발계획을 느긋이 기다려야 하는 토지는 내 적성에 맞지 않는다는 것을 알게 됐다. 그래서 바닷가 토지에 더욱더 애착이 가고, 보게 됐다.

본론으로 돌아와서 이처럼 현장 임장을 가보지 않은 토지는 불안감이 생기고, 걱정되므로 현장 임장을 추천한다. 다음은 현장 임장 시 확인해야 할 사항이다.

① 토지 인근 냄새 나는 시설
② 주변 마을분들의 인심
③ 분위기 등

첫 번째로 현장에 도착하면 냄새를 맡게 된다. 시골로 가는 이유는 좋은 공기를 마실 수 있는 곳에 자리를 잡아서 건강하게 생활하고자 하는 목적도 있는데, 인근에 가축 사육시설이나 냄새 나는 공장이 있다면, 아무리 좋은 토지라도 하자가 있는 토지로 생각해야 한다. 또 시간대별로 오전에는 나지 않는데 오후나 저녁에 냄새가 나는 경우도 있으니, 토지 구매 전에 자주 현장 임장을 다녀오길 추천한다.

두 번째로 주변 마을분들의 인심이다. 이것은 수치나 자료로 분

류할 수 없는 사항이지만, 묵과할 수 없는 부분으로 인심이 좋은 않은 마을에 가면 외지인을 꺼리거나 건축 시에 훼방을 놓거나 도로를 막는다던지 다양한 방법으로 손해를 볼 수 있다. 기본적으로 공인중개사에게 물어본다던지, 지역 내에 아는 분들에게 물어보는 방법이 있고, 앞, 뒤, 옆 건물주인분들과 인사를 통해 알아보는 방법이 있다. 어쩌면 시골 특성상 주변이웃들이 어떤 분들이냐에 따라 생활할 때 행복감이 달라지므로 중요한 부분이라고 하겠다. 개인 특성에 따라 주변 어르신과 잘 맞춰나가거나 불화가 있을 수도 있지만, 토지 구매 전에 주변 마을분들과 한번 인사와 이야기를 나눠보는 것을 권한다. 요즘에 귀농·귀어하시는 분들을 보면, 인심과 텃세 때문에 다시 도시로 돌아오는 분들이 많다. 현장 임장을 통해 사전에 인심과 텃세를 한번 알아보면 좋겠다.

세 번째로 토지 분위기, 마을의 전반적인 분위기, 도로 상태 등이다. 토지 임장을 하면서 여러 경로가 있다면, 마을을 차를 타고 몇 바퀴를 돌면서 이동상에 불편함과 분위기를 파악하고, 걸어 다녔을 때의 분위기를 파악하는 것을 추천한다. 차로 다닐 때와 걸어 다닐 때 실제로 생활했을 때의 느낌을 간접적으로나마 알기 위한 좋은 방법으로, 토지 구매를 결정하고 확정·선택할 때 하나의 선택지점으로 사용할 수 있을 것이다. 게스트하우스 특성상 대중교통을 이용해서 토지에 다녀와 보는 것도 하나의 방법이지만, 많은 시간을 소모하므로 개인의 선택에 맡기겠다.

토지 구매 이후
건축 시점

   토지를 구매하면 건축의 절반은 성공한 셈으로 언제든 돈과 마음을 먹으면 건축이 가능하다. 하지만 직장인의 특성상 자금이 부족할 경우가 많고, 토지를 가지고 있으면 자본금이 여유가 있을 때 항상 건축할 수 있기 때문에 조급해 할 필요가 없다.

   토지를 가지고 있으면 어떤 건축공법이 좋을지, 토지에 어떤 방향으로 건축할지, 주변건물과는 어떤 식으로 조화를 이룰지, 여러 가지를 고민하고, 자신만의 방법으로 스케치를 해볼 수 있다. 나도 토지를 구매하고 건축은 나중에 했지만, 토지만 구매하고 있을 때 내 방식과 생각대로 건축물을 스케치해볼 때 가장 행복하고, 즐거웠던 기억이 있다. 인터넷을 통해 어떤 방식으로 건축하면 좋을지 알아보고, 건축박람회에 참석해 다양한 주택에 대한 정보를 얻는 시간을 가져 보는 것도 건축할 때 많은 도움이 되니 추천하는 방법이다.

   추가적으로 바닷가 토지를 구매할 때 시세보다 저렴하게 구매했다면, 시간이 지남에 따라 토지 시세는 올라가게 되어 있으니 급하게 자금이 필요할 때는 토지 판매를 통해 자금 문제를 해결할 수도 있을 것이다. 바닷가 토지의 장점은 토지를 찾는 수요가 많기에 판매도 쉽다는 장점이 있어서 토지를 구매하고, 시세차익을 누리고 파는 것도 좋은 방법이다. 좋은 토지(시세보다 저렴하게 구입, 건축이 가능한 땅, 바다 뷰 등)를 구매했다면 조급해하지 말고, 건축하기 전까지 건축하는 즐거운 상상과 시세차익을 누리기 바란다.

바닷가
게스트하우스
건축하기

바닷가
게스트하우스
건축하기

Chapter

02

최소한의 돈,
가성비로 건축 설계하기

건축박람회
참가하기

건축을 하기 위해서는 내가 어떤 형태를 좋아하고, 기초자재를 어떤 것으로 할지 정하는 것이 중요하다. 기초자재라고 하면 철근 콘크리트주택, 목조주택, PLC주택, H빔주택, 조립식주택 등 다양한 형태가 있다. 각각 형태별로 장단점이 있기에 자신에게 맞는 건축자재가 어떠한 것인지 판단하려면 정보가 있어야 한다. 이러한 정보를 얻기 가장 좋은 방법으로 건축박람회 참가를 추천한다.

건축박람회를 가면 다양한 주택 건설, 건축설계, 건축시공 업체들이 실제 견본주택을 전시하는 경우도 있고, 건축을 실제 건축한 시공사례를 볼 수도 있다. 다양한 브로슈어와 함께 요즘 유행하는 트렌드도 찾아볼 수 있고, 여러 신소재, 신제품도 많이 나오니 꼭 방문해보길 바란다. 많은 주택을 보고 인테리어를 보다 보면, 자신이 원하는 주택 방향이 나오고, 어떤 방식으로 설치하면 좋겠다는 그림이 그려진다. 업체와 미팅을 통해서 실제 건축비용이 얼마나 드는지, 보유 중인 토지에 어떤 식으로 설치가 가능한지도 질의응답이 가능하다. 토지를 보유하고 있다면, 실제 건축을 앞두고 있는 사람이기에 그냥 구경할 때와 전혀 다른 느낌으로 구경을 할

코리아빌드(구 경향하우징페어)　　　　MBC 건축박람회

출처 : 코리아빌드, MBC

수가 있다.

　서울 및 광역시별로 큰 건축박람회 행사가 매년 개최되고 있으며, 경향하우징페어와 코리아빌드라는 이름으로 각 지역별로 개최되고 있으니 방문해보길 바란다. 각 지역별로 있는 컨벤션센터에서 박람회를 진행하는데, 나 또한 건축박람회 참가를 통해 다양한 건축형태부터 외장재, 내부 욕실, 인테리어 등과 관련된 다양한 건축 관련 정보를 얻을 수 있었다. 실제로 토지를 가지고 있었지만, 막연하게 어떤 업체와 계약해야 실패 없이 건축할 수 있을지를 매번 고민하며 알아보고 했는데, 건축박람회에 참가해 현재 게스트하우스를 건축해주신 업체 사장님을 만나서 솔루션을 듣고 건축을 하게 됐다.

자신의 토지가 있다면 정확하게 어떤 방식으로 건축하면 좋을지 좀 더 면밀하게 상담 가능하므로, 좋은 토지를 먼저 구입해놓는 것이 중요하다. 토지를 구매하게 되면 건축에 관심을 가지게 되는데, 기본 정보를 찾기 위해서는 책과 인터넷으로 정보를 찾고 확인한 뒤 건축박람회에 가서 직접 만져 보고, 느껴 보며, 물어보는 과정이 중요하다. 토지 구매단계를 끝냈다면, 2번 이상 건축박람회에 꼭 참가해보길 바란다. 건축박람회에는 건축뿐만 아니라 다양한 생활용품도 많으니, 건축에 흥미가 없는 분들도 참가해보면 즐거운 시간이 될 수 있을 것이다.

건축공법에 따른
장단점 비교

　건축공법에 대해 전문가는 아니지만, 목조주택을 건축한 경험과 철근콘크리트와 조립식주택에 살아본 경험으로 장단점을 적어본다.

　① 철근콘크리트 구조
　② 목조 구조
　③ 조립식 구조
　④ 기타(ALC, H빔, 컨테이너 등)

　첫 번째로 가장 대중화 되어 있고, 기본 구조인 철근콘크리트 구조다. 철근콘크리트 구조는 화재나 지진에도 대체로 안전하며, 시중에서 많이 보는 아파트가 대표적인 철근콘크리트 구조다. 장점으로 내구성도 높고, 건축 완공 이후 판매 시에도 가장 제값을 받을 수 있는 구조다. 건축 이후 디자인 변경 시 리모델링을 통해 전혀 다른 느낌의 주택으로 변신도 가능한 구조다. 단점은 다른 구조보다 가격이 높아서 초기 비용이 가장 많이 들지만, 가격은 어떤 자재와 인테리어 소품을 활용하느냐에 따라 다르기에 변동이 있으니 참고하기 바란다.

두 번째로 목조주택은 친환경자재와 지진에 대한 강점이 있으며, 살아본 경험으로는 자동으로 습도 조절이 되고, 시공하기에 따라 다르지만 단열이 무척 좋았다. 바닷가 특성상 바람도 많고, 겨울에는 추위가 엄청난데 집 안은 외부와 단열이 잘되어 바람과 추위를 느낄 수 없었다. 목조주택이라고는 하지만 내부 자재를 다양하게 쓰기에 내부에도 목재를 쓴다면 모르겠지만, 벽지를 바르거나 하면 다른 구조와 별반 차이를 느낄 수 없었다. 목조주택의 단점으로는 방음으로, 손님이 오면 덱(Deck)에서부터 충격이 전달되어 별도의 초인종을 누르지 않아도 손님이 온 것을 알 수 있는 단점이자 장점이 있었다.

세 번째로 조립식주택은 빠른 시공과 저렴한 가격이 가장 큰 장점이다. 요즘에는 다양한 외부 외장재와 내부 인테리어를 통해 조립식주택인지, 내·외부에서 봤을 때는 모를 정도로 건축 자재가 좋아졌다. 골격을 잡고 패널을 붙여서 만드는 조립식주택은 요즘 외장재는 징크(Zinc) 소재를 붙이는 게 유행이다. 징크 소재는 아연으로 만든 얇은 패널로 시공이 편하고, 부식이 빨리 되지 않고 오래가는 것이 장점이다. 외부에 벽돌 조적과 나무를 징크와 조합해 세련된 주택이 되기도 하지만, 조립식의 특성상 내구성이 조금 떨어지는 것이 단점이다.

네 번째로 ALC(Autocalaved Lightweight Concrete)라고 불리는 가압식 경량 콘크리트는 단열에 뛰어나고 방음효과가 좋은 구조다. 또한 H빔을 기초로 해서 철근콘크리트로 하는 구조, 컨테이너를 기본으로 단열을 해서 사용하는 구조 등 다양한 건축공법이 있다.

건축공법에 따른 구분

구분	철근콘크리트	목조	조립식
가격	높음(100%)	보통(95%)	낮음(90%)
단열	보통	좋음	좋음
내구성	높음	높음	보통
내진	보통	좋음	보통
일반적 인식	좋음	보통	나쁨

표를 통해서 정리해봤지만 사실 시공을 얼마나 잘했느냐, 단열재를 어떤 자재를 사용했느냐에 따라 같은 구조라도 천차만별이다. 가격 또한 조립식을 더 비싸게 지을 수도 있고, 철근콘크리트를 더 싸게 지을 수도 있다. 자재 및 인테리어에 따라 다르기에 표는 일반적인 내용으로 참고 정도로만 하고, 자신에게 가장 어울리는 건축공법을 건축박람회 및 인터넷 정보를 찾아보고, 공부를 통해 찾아가길 바란다.

건축을 위한
비용

    건축 시작 시 가장 고민되고, 중요한 부분은 비용이다. 자본금이 있어야 건축을 진행할 수 있다. 토지 대출 및 건축자금 대출을 통해 자본금을 확보하는 방법도 있지만, 이는 추천하지 않는다. 도시 지역으로 건축 이후에 보증금 확보 및 임대를 통해 유지가 가능한 경우라면 대출을 통해 건축을 해도 생활이 가능하나, 농어촌 민박은 여유자금으로 바닷가 게스트하우스를 운영해야 손님이 많지 않아도 심적인 여유를 가지고, 운영을 할 수 있기에 자본금이 충분히 확보된 이후에 건축하기를 권한다.

    일반적인 건축비용은 평당 300~500만 원 정도가 소요되며, 평당가는 시공사별, 자재별로 천차만별이기에 싸다고 좋은 곳이 아니고, 비싸다고 나쁜 곳이 아니기에 믿고 맡길 수 있는 시공사를 선정하는 것이 중요하다. 건축공법과 시공사를 결정했다고 가정한다면 몇 평대의 주택을 지을 것인지 결정해야 한다. 건축물이 크면 클수록 좋겠지만, 나는 30평 이하의 주택으로 결정했다. 왜냐하면 혼자서 관리할 수 있는 공간은 30평 이하 정도라고 생각했다. 또한 30평 이하는 건축 신고사항이지만, 30평 이상의 건축물은 허가사항으로 건축할 때 허가비용과 허가를 위한 추가 서류가 좀 더 필요하기 때문이다. 30평을 평균 평당 단가(400만 원)로 가정했을 때 1억 2,000만 원 정도의 비용으로 건축을 할 수 있기에 시중 아파트보다 싼 가격으로 건축을 하고자 30평 이하로 결정하게 됐다. 자금의 여유가 있거나 관리할 수 있는 여력이 있는 분은 자신에게 맞는 평수를 결정하면 된다.

바닷가 게스트하우스
건축하기

건축을 위해
내가 모은 돈은?

　나는 그다지 가난하지도, 그리 부유하지도 않은 집에서 태어나서 공부를 그리 잘하지도, 못하지도 않는 어정쩡한 사람이었다. 고등학교 때 처음에는 전문대를 목표로 했지만, 운이 좋게도 점수가 잘 나와서 부산에 있는 국립대에 입학했다. 국립대를 간 이유는 등록금이 싸다는 것이 이유였고, 국립대에서도 등록금 등 학자금이 부족해 학사장교로 지원해서 1학년부터 정부지원금을 받아서 학교생활을 했다. 방학기간에는 아르바이트를 해서 생활비를 모으기도 했다. 대학 4학년을 마치고, 해군에 7년 동안 장교로 근무하면서 받은 월급은 술도 좋아하고, 먹는 것도 좋아해서 많이 모으지를 못했다. 군 장교 7년 동안 약 7,000만 원~8,000만 원 정도를 저축했고, 퇴직금 등 추가로 2,000만 원~3,000만 원 정도를 모았다.

　게스트하우스 건축을 위해 처음으로 토지를 구매하고, 게스트하우스 건축을 하려고 했지만, 집안의 기대와 걱정으로 건축을 하지 못하고, 회사를 다녔다. 하지만 좋은 회사에 취직했던 것도 잠시, 3개월을 못 버티고 뛰쳐나와 다시 군대에 재입대해 장교로 3년간 복무했다. 기존에 모은 돈과 군대 3년간 추가로 모아서 약 1

억 3,000만 원 정도 모았던 것 같다. 이 시기에 앞서 말했던 바닷가 토지의 시세차익이 생겨 자연스레 부동산 재테크가 이뤄졌다.

그래서 총 군대 7년, 휴식 1년, 군대 3년 해서 11년 동안 모은 돈을 투자해서 게스트하우스를 건축하게 됐다. 직장근무 11년간 퇴직금을 포함해서 모은 돈은 앞서 말했던 약 1억 3,000만 원이었고, 토지 투자와 부동산 재테크를 통해서 약 5,000만 원 정도를 추가로 모았다. 하지만 건축 중에 공사중단 상황이 발생했고, 건축비가 부족해 다시 회사를 다니게 됐으며, 건축비의 부족분은 회사를 다니면서 한 달 한 달 갚아 나갔다.

내가 다중주택을
선택한 이유

　단독주택에는 일반적인 단독주택과 다중주택, 다가구주택으로 구분된다. 단독주택이란 일반주거를 하는 주택을 말하고, 다중주택은 공동주방을 사용하는 구조로 독립된 주거의 형태가 아닌 주택을 말한다. 다가구주택은 세대별 주방 및 화장실 설치가 가능한 독립적인 주택이나, 개인별 소유가 안 되는 주택이다. 내가 바닷가 게스트하우스 건축 시 다중주택을 선택한 이유는 다음과 같다.

　　① 주차대수의 산정
　　② 게스트하우스 공간의 효율성
　　③ 주방 관리의 애로사항

　첫 번째로 다중주택은 다가구주택과는 다르게 주차장의 주차대수를 작게 설정할 수 있어 건축 시에 많은 이점이 있다. 바닷가 토지는 의외로 가격이 비싸고, 주변에 주차할 수 있는 공간이 많기에 굳이 본인의 토지에 주차장을 많이 만들 필요는 없다. 가성비 있는 바닷가 게스트하우스 건축을 위해서는 다중주택으로 설계를 해서 주차공간의 이익을 챙기는 것이 중요하다. 작은 토지에 30평 이하로 건축을 할 때 다중주택으로 건축하지 않고 다가구주택으로 건축 시 가구별 주차공간이 필요하기에 건축공간이 협소해져 건축 시에 많은 애로사항과 제약을 받기 때문이다. 다중주택 같은 경우 주차대수가 1~3대 이내로 작은 토지에 주택건축 시 많은 이점이 있다.

두 번째로 게스트하우스 공간을 효율적으로 배치 가능하다. 게스트하우스는 공동의 공간과 게스트 간 개별공간을 배려해줘야 한다. 게스트만의 독립적인 공간을 위해 각각의 방을 별도로 배치가 가능하고, 공용주방을 배치해서 식사나 저녁파티 시에 공용공간을 활용해 소통할 수 있도록 배치하는 것이 가능하다. 독립적인 공간과 공용공간의 이점을 모두 살리면서, 건축의 이점을 살릴 수 있다. 이처럼 게스트하우스 특성상 딱 맞는 주거형태가 다중주택이다.

세 번째로 각각의 방에 주방이 있을 시 요리를 하게 되면, 방 안에 냄새가 배거나 벽지와 건물 내부가 금방 더러워지는 경향이 있다. 시간이 지남에 따라 방에 냄새가 나고, 수면에 방해가 될 수 있기에 공용주방을 배치함으로써 관리에도 편리하고, 게스트들도 숙면을 취할 수 있는 구조로 배치가 가능하다.

이처럼 다중주택으로 건축을 하면, 소규모 토지에 맞게 건축함으로써 얻는 많은 이점이 있다. 건축 시의 자금 절약뿐만 아니라, 게스트하우스의 특성을 잘 살릴 수 있는 다중주택으로 건축하는 것을 추천한다.

내가 모듈러주택을
선택한 이유

　건축을 하면 10년 늙는다는 말이 있듯, 직접 건축을 하신 분들의 이야기나 인터넷에 건축을 해본 분들의 후기를 보면, 정말 많은 스트레스를 받는 것을 알 수 있다. 나는 건축 시에 받는 스트레스를 최소화하고, 최적의 게스트하우스 공간 활용을 위해서 모듈러(Modular)주택을 선택했다. 모듈러주택이란 공장에서 규격화된 주택을 생산해서 이동해 건축하는 이동식주택이다. 모듈러주택의 장점은 다음과 같다.

　① 건축비용이 절감된다.
　② 건축시간이 절약된다.
　③ 모듈러 크기 내에서 자유롭게 배치가 가능하다.
　④ 건축에 대한 스트레스를 줄일 수 있다.

　첫 번째로 건축을 하면 철근콘크리트든, 목조든, 조립식이든, 평당 단가가 다양하다. 평당 단가도 같은 자재라고 하더라도 업체 및 지역마다 다르기 때문에 정답은 없지만, 건축을 하다 보면 부수적으로 들어가는 비용이 많다. 예를 들면 평당 단가 300만 원으로 시작하더라도 평당 50만 원만 추가하면, 외장재가 시멘트 사이딩(Cement siding)에서 변색도 없이 오래 가는 세라믹사이딩(Ceramic siding)으로 변화가 가능하다든지, 내부 인테리어가 고급스러워진다던지 하는 내용이다.

업체와 처음 계약을 잘해야겠지만, 날씨나 여러 가지 변동사항으로 건축비용은 초기보다 무조건 높아지게 되어 있다. 이러한 여러 가지 변동사항을 자신이 컨트롤 가능한 모듈러주택으로 건축하면, 공장에서 찍어내듯이 가로세로 규격화된 크기로 제작해서 건축과정 시 발생할 수 있는 추가비용이나 변동사항을 최소한으로 할 수 있기에 건축비용이 절감된다.

하지만 모듈러주택도 저비용은 아니다. 평당 단가 400만 원 이상 하는 모듈러주택도 많고, 저렴한 자재를 사용해 직접 토지에 건축하는 평당 단가가 300만 원 하는 업체도 있다. 하지만 실제로 건축을 해보면 추가적인 비용이 다수 발생하기에 모듈러주택이 건축비용이 절감된다고 말할 수 있겠다. 모든 상황과 업체가 동일하지 않기에 변수가 많지만 내 견해는 그렇다.

두 번째로 건축을 하는 시간이 절약된다. 모듈러주택 공법상 공장에서 찍어내듯이 규격화된 건축물을 건축하고, 기간은 약 1~2달 정도 소요된다. 완성된 건축물을 옮기는 방식으로 건축하기에 공장에서 조립 중일 때 건축하고자 하는 토지에 기초콘크리트나 토목공사 및 정화조 작업 등 기반작업을 진행할 수 있기에 기반 공사 이후 건축하는 시간보다 절반으로 줄어든다고 보면 된다. 기간이 줄어든다는 것은 건축가격이 줄어든다는 뜻으로, 여러 가지 장점이 많은 건축공법이다. 실제로 나도 토지의 기초 및 옹벽공사와 주택건축을 동시에 진행했다.

세 번째로 자신이 원하는 대로 건물 위치와 배치를 마음대로 할 수 있다. 모듈러의 크기는 정형화되어 3m×6m와 3m×10m 이내 등 대형 탑차에 실을 수 있는 크기로 건축하지만, 배치는 자신이 원하는 위치에 놓는 것이 가능하다. 3m×6m 안에 주방, 화장실, 거주공간이 전부 들어가므로, 한 가구가 개별공간으로 생활할 수 있는 구조다. 게스트하우스의 불편한 점으로 공동 화장실을 사용해야 하는 것이 있는데, 모든 방에 화장실이 기본으로 설치되어 있기에 손님들이 편하게 생활할 수 있는 이점도 있다. 손님들이 독립적인 공간과 개별적인 공간을 동시에 느낄 수 있도록 모듈러주택의 배치를 다양하게 해서 최적의 공간으로 배치하는 것이 또 하나의 장점이다.

네 번째로 현장에 있는 토지에 건축을 할 때 아무 문제가 없으면 괜찮지만, 건축을 할 때는 건축업자와의 마찰과 토목업체와 의견 차이, 공사 시 발생하는 소음과 냄새로 인한 주민들 간의 민원 등 너무나도 다양한 문제가 발생할 수 있다. 이러한 문제를 최소화하고, 건축에 대한 스트레스를 줄이는 데는 건축 기간을 짧게 하는 것이 가장 중요하다. 기반공사 이후에 주택건축은 모듈러주택(이동식주택)의 경우 1~2일 내로 건축이 가능하기에 주민들께 양해를 구해 1~2일 정도만 불편함에 대해 얘기를 잘한다면, 건축 시 발생하는 각종 민원들을 최소화할 수 있을 것이다.

하루 만에
뚝딱 짓는 주택

　토지를 구입하고, 다양한 건물과 구조를 대입해보고 할 때 서울에서 진행하는 건축박람회에 참가를 했다. 몇 군데 업체와 미팅을 했지만, 내가 원하는 대로 구조를 배치하지 않거나 가격이 맞지 않는 곳이 많았다. 그런데 '하루 만에 뚝딱 짓는 주택'이라고 홍보를 하던 건축업체가 있었다. 나도 토지를 구입하고, 여러 업체를 찾아보던 중에 관심이 있는 업체였다. 스마트하우스와의 첫 만남이었다. 건축박람회에서 스마트하우스의 이영주 대표님을 만나서 고민하고, 해결이 잘되지 않던 구조와 가격에 대해 속 시원한 대답을 얻을 수 있었고, 바로 건축을 하기로 마음을 먹게 됐다. 이런 분이라면 건축을 믿고 맡길 수 있겠다는 마음이 들었기 때문이다. 사실 스마트하우스 대표님을 처음 만난 거지만, 스마트하우스 공장은 예전에 한 번 들러본 곳이기도 했다. 몇몇 모듈러업체를 찾아가서 공장을 봤는데, 몇 군데는 공장도 없이 노지에서 모듈러주택을 만드는 곳도 있었다. 그런 업체들은 주택을 만들 때 비가 오면 비에 젖거나, 야간에 작업이 어렵다든지, 시간적으로 제약이 많을 것 같았다. 하지만 충북 음성에 있는 스마트하우스 공장은 크고, 체계적

공장에서 여러 대의 차량에 집을 싣고 이동

현장에서 기중기를 이용해 설치하는 모습

으로 작업이 가능해 보였다. 실제로 TV 방송 프로그램에도 몇 군데 소개되기도 한 곳이다.

이후에 나올 실제 건축할 때 여러 어려움에 있어 업체에서도 많이 힘든 부분이 있었을 텐데, 여러 부분에서 조언을 하고, 배려를 해주셔서 스마트하우스 대표님께 이 책을 빌려 감사의 말씀을 드린다. 모듈러주택과 이동식주택은 전국에 다양한 업체가 있지만, 직접 공장을 방문해보고 건축을 해줄 담당자나 대표님과 상담을 통해 서로 신뢰감이 생긴 상태에서 주택을 건축해 서로 잘될 수 있는 관계로 발전하길 바란다. 나의 다음번 게스트하우스 건축도

1층 설치 모습

2층 설치 모습

내부 구성(주방)

내부 구성(방)

어쩌면 이 업체와 계약할지도 모르겠다. 이 업체가 아니더라도 좋은 모듈러주택, 이동식주택 업체와 계약해 스트레스 없이 건축하길 바란다.

바닷가 게스트하우스
건축하기

평당 단가는
중요하지 않다

　대부분 주택을 건축하려고 하거나 건축을 생각하고 있는 분이라면, 평당 얼마가 들었는지 궁금해하고 알고 싶어 한다. 사실 건축을 해보면 평당 단가는 중요한 부분이 아니다. 얼마나 질 좋은 자재를 꼼꼼히 시공했느냐가 중요하다. 비용과 바로 연관되는 것이 평당 단가이기 때문에 얼마가 들었는지는 건축 완료 이후에 알 수 있지만, 건축 시작단계에서는 전혀 알 수가 없다. 알 수 없는 이유로 2가지가 있다.

　첫 번째로 평당 단가에 건축의 어디까지가 포함인지 알 수 없다. 주택의 기본 뼈대와 내외장재, 화장실까지 포함해서 평당 단가를 산정했는지, 내부에 조립장, 인테리어까지 포함해 산정했는지, 각각 업체마다 다르기에 평당 단가를 산정하는 것에 무리가 있다.

　두 번째로 어떤 자재를 사용했느냐에 따라 평당 단가가 200만 원으로도 가능하고, 600만 원 넘게 들기도 한다. 하급 자재를 사용하면 그 값에 맞게 충분히 건축이 가능하고, 최고급 자재를 사용하면 높은 비용의 평당 단가로 맞춰서 건축이 가능하기 때문에 평당 단가는 업체마다 다르게 나올 수 있다.

그래서 건축을 할 때는 대략적인 지식을 갖고, 어떠한 자재로 평당 단가가 어떻게 나오는지를 따져봐야 한다. 이것이 얼마나 제대로 시공됐는지 기존 사례를 통해 알아봐야 자재 대비 평당 단가가 적정하게 산정됐는지 알 수 있는 것이다.

　앞으로는 "평당 단가가 얼마인가요?"라고 묻지 말고, "이 질 좋은 자재로 이 정도 평당 단가가 나와야 맞는 것 아닌가요? 자재에 비해 평당 단가가 싸네요" 또는 "이 정도 자재를 쓰면 이 평당 단가는 높다고 보는데 어떠신가요?"라고 물어본다면, 건축을 하는 분도 만만하게 보지 않을 것이다.

농어촌 민박 허가를 위한 주택 구성

　펜션이나 숙박업소로 허가를 받으려면, 건축단계부터 해당 시설에 맞는 시설 기준으로 건축을 해야 하기 때문에 비용이 많이 발생하게 된다. 하지만 읍·면 단위지역은 몇 가지 기준에 충족하면, 자신이 건축한 주택에 농어촌 민박 허가를 승인해주기 때문에 간편한 농어촌 민박 허가를 준비한다면, 읍·면 지역이 여러모로 유리하다. 외국인 대상 도시숙박업이나 숙박업은 허가 기준이나 손님을 외국인만 받아야 한다든지 하는 제약이 많기에 별도의 제약이 크지 않은 농어촌 민박이 여러모로 유리하다. 추가적으로 관련 법령이 지속적으로 변화하고 있으니 검색을 통해서 변경된 법령이 있는지 참고하기 바란다. 농어촌 민박에도 허가를 받기 위한 제약이 있는데 알아보면 다음과 같다.

① 연면적 230㎡ 이하로 건축(대략 70평 이하)
② 자신이 건축한 주택으로 전입신고 필수
③ 소화기를 구비하고, 방마다 객실 경보형 감지기 설치

첫 번째로 연면적 230㎡ 이하로 건축해야 한다. 평수로 따지면 70평 이하로 건축설계 단계부터 따져서 건축을 해야 할 것이다. 나는 토지 구입 전부터 대략 어떤 식으로 건축할지, 몇 평으로 건축할지 정해야 한다고 생각한다. 토지 구입 전부터 토지에 따라 건축할 수 있는 면적이 나오고, 자신이 보유한 자금에 따라 건축할 크기가 나오기 때문에 사전에 염두에 둬야 하는 것이다. 70평 이하로만 건축하면 되기 때문에 무작정 크게 짓지 않는 이상 가능할 것이다.

두 번째로 건축한 주택에 전입신고를 꼭 해야 한다. 그 지역에 거주하고 있는 것이 증명이 되지 않는다면, 허가가 나지 않기 때문에 반드시 전입신고를 해야 한다. 자신이 소유했다고 하더라도 전입신고가 되어 있지 않으면 허가가 나지 않으니 참고하기 바란다. 임대를 주게 되면 임대를 하는 사람이 전입신고를 해야 농어촌 민박 허가가 난다.

세 번째로 안전을 위해 소화기를 구비하고 방마다 객실 경보형 감지기가 설치되어야 한다. 농어촌 민박 신고 시 담당공무원이 현장점검도 나오니 필수적으로 설치하고, 신고하기 바란다.

이렇듯 3가지가 준비됐다면, 농어촌 민박사업자 신고서, 소유자가 아닐 경우(임대차계약서), 수질검사성적서, 토지대장사본, 정화조 용량사진을 관할 부서에 신고하면 허가를 내어주기 때문에 도시민박업이나 숙박업 대비 쉽게 농어촌민박을 운영할 수 있다.

건축방향
선택

　주택의 방향은 토지를 구매할 때 건축물의 대략적인 위치를 잡고, 추후 건축할 때 주택의 방향을 최종 결정하게 된다. 주택의 방향은 일반적으로 남향이 좋다고들 한다. 그리고 남향으로 되어 있는 토지가 가격도 비싸다. 하지만 바닷가 토지는 일반적인 토지와 다르게 바다 방향을 바라보고 짓게 된다.

　나의 경우도 바다 방향을 바라보게 건축하다 보니 북향으로 짓게 됐다. 일반적으로 남향이 좋다는 뜻은 하루 종일 햇볕이 잘 들어오기 때문이다. 또한 여름에는 햇볕이 적게 들어와 시원하고, 겨울에는 햇볕이 잘 들어오기 때문에 따뜻하다. 추가적으로 동향과 서향도 각각의 장단점이 있지만, 일반적으로 북향은 모두 꺼리는 방향으로 햇볕이 잘 들어오지 않는 구조다. 그런데 게스트하우스는 밤에 파티를 많이 하니 한잔 먹고, 아침에 대부분 늦잠을 잔다. 북향은 아침에 해가 잘 들어오지 않으니 오히려 푹 잘 수 있는 장점이 있었다. 북향의 단점이 게스트하우스에서는 장점이 된 것이다.

　도시와 달리 바닷가 시골은 높은 건축물이 없기에 어느 방향으로 건축을 해도 막히는 곳이 잘 없다. 따라서 햇볕이 막히고 덜 들어오는 것은 창문의 방향에 따라 결정되는 경우가 많다. 창문을 어느 방향으로 내느냐와 창문의 크기에 따라 햇볕이 잘 들어오고, 못 들어오는 경우가 많으니 참고하기 바란다.

이와 같이 방향은 각 방향별로 장단점이 있지만, 요즘에는 각종 전자기기와 커튼이 잘 되어 있기에 예전보다 그 중요도가 많이 떨어졌다. 경험상으로는 방향보다는 얼마나 멋진 뷰를 바라보고 건축하느냐가 더 중요한 요소였다.

바닷가
게스트하우스
건축하기

바닷가
게스트하우스
건축하기

03

공사 시작 전에
해야 할 일들

건축허가를 위한 준비

건축허가를 위한 시작은 업체와 먼저 미팅을 해 업체에서 건축사무소를 알아보는 방법과 개인이 건축사무소를 방문해 업체와 연결하는 방법이 있다. 어쨌든 건축허가를 위해서는 건축사무소에 방문해 진행해야 한다. 건축사무소에서는 건축설계와 허가를 위한 준비서류를 준비해 해당 관청에 건축허가 신청을 대신해주고, 평균 200~400만 원의 비용을 받고 행정업무를 대행해준다. 건축설계와 시공에는 여러 가지 방법이 있다.

Tip

※ **건축설계** : 건축설계란 건축물에 대한 형태와 구조를 결정하고, 구조화된 도면을 통해 실질적인 건축물 그려 보는 것이다.

※ **시공** : 시공이란 건축설계된 도면에 따라 실제 현장에서 공사를 실시하는 것을 말한다.

① 건축설계는 건축사무소에서 하고, 시공은 시공업체를 찾아서 하는 방법
② 시공업체에서 건축설계까지 맡아서 하는 방법
③ 규격화된 설계도면을 가지고, 건축사무소에서 건축허가 행정을 진행하는 방법

첫 번째로 내가 원하는 주택구조를 건축사무소와 협의를 통해 의뢰하고, 수정하는 방법이다. 이때 유명한 건축사무소에서는 건축설계를 할 때 설계비용으로 평당 단가를 받고, 진행하기도 한다. 설계를 제대로 하면 좋은 건축물이 나올 수 있지만, 가성비 좋게 최소한의 비용으로 좋은 건축물을 지어야 하기 때문에 설계에 많은 비용을 소모할 수는 없다. 일반적인 구조라면 건축허가비용 내에서 진행하기도 한다. 건축설계를 내가 원하는 대로 하고 시공사에서 제대로 시공한다면 아무 문제가 없지만, 값싼 자재를 사용하거나 부실하게 시공하면 여러 마찰이 불거질 수도 있는 방법이다. 하지만 대부분 많은 건축은 이 방법을 이용해 이뤄진다.

두 번째로 시공업체에서 건축설계를 진행하고, 허가까지 원스톱(One-stop)으로 이뤄지는 방법이다. 건축주의 대부분은 처음 건축을 하거나 건축 지식이 많지 않기 때문에 업체에서 건축에 대한 전반적인 업무를 진행하고, 대행해주는 방식이다. 이러한 방식으로 건축할 경우 단가가 비쌀 수도 있으나 건축에 대한 고민과 걱정을 줄일 수 있어 괜찮은 시스템이다. 계약 시 건축할 때 발생하는 민원과 돌발적인 사고에 대한 대비까지 계약해서 추후 발생할 수

있는 모든 사태를 미연에 방지하는 것도 좋은 방법이다.

　세 번째로 규격화된 주택인 모듈러주택으로 업체와 건축 구조를 결정한 이후에 건축사무소에서는 건축허가에 필요한 행정서류만을 진행하는 방식이다. 내가 건축한 방식이다. 업체에서 기본적인 설계도면과 자료를 건축사무소로 넘기지만, 건축사무소에서 다시 3D도면과 건축허가사항에 맞는 수정을 통해 허가를 신청하는 것으로 업무가 진행된다. 이 방식은 건축 시공이 하루 이틀 만에 완료되는 만큼 시간과 걱정이 많이 없는 방식이다. 몇 가지 단점이 있지만 그것을 커버할 만큼 짧은 시간 안에 건축이 완료되므로, 시간과 자금을 아낄 수 있어서 이 방법을 선택하게 됐다.

상수도
설치

　상수도를 설치하려면 건축허가 서류를 갖고 관청 수도과나 포항의 경우 맑은물사업소에 신청한다. 상수도 설치가 불가능한 지역은 관정을 통해서 지하수를 사용해야 할 수도 있으니 참고하기 바란다. 관정을 통해 개발하는 지하수는 요즘 지역에 따라 지하수가 귀해서 잘 안 나오는 경우도 있고, 개발비용도 많이 드니 상수도가 설치되어 있는 토지가 좋다. 상수도의 설치비는 상수도관이 집 주변으로 지나간다는 가정하에 파이프 크기에 따라 비용이 다르니 참고하기 바란다. 나의 경우 약 200만 원으로 설치했으며, 일반 가정집이 아니어서 수압이 센 것이 좋기 때문에 일반 파이프 크기보다 조금 더 큰 사이즈로 설치했다.

　상수도 설치 시에 건축물의 위치에 따라 상수도 위치를 잡지 않으면 아무 곳에나 상수도 수전을 설치하고 가기 때문에 설치 팀에게 정확한 설치 위치를 알려줘야 이전설치로 인해 공사비가 추가로 들지 않는다. 공사라는 것이 포클레인, 레미콘을 하루라도 대여하면 기본 50만 원에서 100만 원은 들기 때문에 자금을 아끼려면 신중하고, 또 신중해야 한다.

추가적으로 상수도가 인근 마을에는 설치되어 있으나 해당 토지까지 거리가 꽤 먼 경우도 있다. 상수도관을 설치하는 데 m당 약 6~8만 원 정도가 소요되기도 한다. 나도 건축할 때 80m 떨어진 곳에서 상수도를 끌어와야 하는 경우도 있었다. 80m에 7만 원만 곱해도 560만 원의 비용을 들여야 상수도를 끌어올 수 있으니, 토지 선택 시 상수도가 가까이 있는지 알아보는 것도 건축자금을 줄이는 하나의 방법이다.

전기
설치

　전기 설치 시 전봇대가 없거나 전봇대 이전 설치를 해야 한다면, 가까운 한전에 설치 문의를 하면 친절하게 알려준다. 가까운 곳에 전봇대가 없거나 전기가 없으면, 추가비용이 발생할 수도 있으니 참고하기 바란다.

　전기 설치 시에 일반용 전기를 넣을 것인지, 상업용 전기를 넣을 것인지를 잘 판단해야 한다. 전기 난방이나 온수기 등 전기를 사용하는 시설이 많다면, 상업용 전기를 해서 일반용 전기를 설치했을 때보다 얼마나 이익이 있는지 분석해봐야 향후 나올 전기세를 아낄 수 있을 것이다. 전기를 많이 사용하는 건물은 향후 지붕 위에 태양광을 설치해 전기세를 아낄 수 있는 방법도 있으니 참고하기 바란다.

　나는 건축허가 시 다중주택에 대해 이해가 없는 건축사에게 의뢰를 하는 바람에 다가구주택으로 허가를 받고, 다중주택으로 변경하는 일이 있었다. 그 바람에 여러 가지가 꼬였는데 전기가 그랬다. 다가구주택은 건물이 크던, 작던, 별도로 구성된 방은 전부 가구로 보기에 별도의 전기를 설치해야 한다. 각 방에 5kw를 설치해 5개 방, 총 25kw를 설치했는데, 5개 방에 전부 별도의 전기세가 나와 매월 5개의 고지서를 제출하는 낭패를 봤다. 다중주택이었다면 전체 10~15kw 상업용 전기를 설치해 편리하게 사용했겠지만, 이 책을 보는 독자분들은 나와 같은 실수를 하지 않기를 바란다.

Tip

주변 200m 거리에 전봇대나 전기를 연결할 수 있는 시설이 있으면 무료로 연결이 가능하나 그 이상 거리가 이격되어 있다면 추가비용이 발생할 수도 있다.

토목
설계

법면(경사면) 토지

토목설계(옹벽 부분)

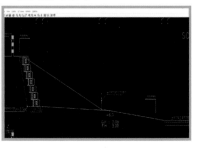

　토지는 지목이 대지가 아니라면 필수적으로 토목설계를 해야 하며, 토지가 경사면으로 이뤄져 있다면 토목설계를 통해 토목공사를 실시해야 한다. 토목설계 시 사진과 같이 경사면으로 이뤄져 있다면, 토지를 최대로 이용하기 위해서는 옹벽공사를 실시해야 한다. 토지가 여유가 있다면 자연 경사를 두고 건축이 가능하지만, 가능한 한 작은 토지를 효율적으로 이용하기 위해서는 옹벽공사를 실시해야 한다. 옹벽에 종류는 다음과 같다.

① 철근콘크리트 옹벽
② 보강토 옹벽
③ 석축

첫 번째로 가장 많이 보편적으로 공사하는 철근콘크리트 옹벽은 무난하고, 튼튼한 옹벽 중 하나다. 가격도 제일 비싸지만 시공하는 업체도 많고, 허가도 쉽게 받을 수 있기에 이 방법을 가장 추천한다. 철근콘크리트 옹벽의 단점으로는 상대적으로 높은 가격과 외관상 보기 안 좋은 부분이 있는데, 요즘엔 디자인을 찍어내어 예전보다는 시각적으로 더 나은 시공이 가능하다. 철근콘크리트 옹벽 시공 시 기초 부분이 중요하니, 기초를 어떤 방식으로 설치하는지 확인하는 것이 좋다. 옹벽의 높이 대비 기초를 얼마나 튼튼하게 하는지 공사 중간중간 잘 확인하기 바란다.

철근콘크리트 옹벽

두 번째로 보강토 옹벽이다. 보강토 옹벽은 벽돌이나 건축자재를 쌓아가는 공사방식으로 보강토 옹벽에도 여러 가지 방식이 있다. 벽돌로 쌓는 옹벽과 식생축조블록, 개비온 옹벽(Gabion Wall)등 쌓는 재료들이 다양하게 있고, 장단점도 있다. 나는 조립하듯이 쌓는 축조블록으로 선택을 했는데, 제일 후회하는 점이 일반 콘크리트 옹벽으로 허가 받고, 시공했어야 하는 것이다. 보강토 옹벽은 시공업체에 따라 전문업체에서 시공 시 디자인 면에서도 좋고 안전성면에서도 탁월하나, 무자격업체가 시공 시 매우 위험하고 불안한 공법이기도 하다. 보강토 옹벽에 대한 실제 사례는 뒤에 나오는 실제 토목공사 사례 시 자세히 설명하도록 하겠다.

보강토 옹벽

세 번째로 석축이나 자연석으로 옹벽을 쌓는 것이다. 자연석 중에도 다양한 돌이 있기에 주변에 좋은 광산이 있는 지역이거나 좋은 돌을 확보가 가능한 분이면 추천하는 방법이다. 장점으로는 미관상 예쁘며, 자연스럽고, 시간이 지날수록 운치가 있으며, 가격도 다른 방법에 비해 가장 싸다는 장점이 있다. 단점으로는 석축에 대한 이해가 없는 분이나 잘못 쌓으면 위험할 수가 있기에 석축은 전문가에게 맡기는 것이 좋다.

석축

주택
건축설계

주택 구조는 건축사무소에 의뢰를 해서 구성하는 방식도 있지만, 나는 모듈러주택을 선택했기에 기본적인 구도 및 배치는 모듈러주택과 협의를 끝낸 이후 도면을 건축사에 넘기는 방식으로 진행을 했다.

30평 이하의 다중주택을 핵심으로 모듈러주택(이동식주택)의 특성상 가로세로 길이가 3m×6~10m 이내로 트럭에 실을 수 있는 크기로 제작이 된다. 이 구조 내에 생활이 편리하면서도 최소한의 공간으로 구성하고자 1층과 2층의 방을 독립적이면서도 중앙 공간에서 모일 수 있도록 하는 방식으로 설계를 진행했다. 방의 최소한의 구조는 3m×6m로 모든 방에 화장실이 배치되도록 구조를 설계했고, 내부에 주방이 들어갈 수 있지만 게스트하우스 특성상 관리의 편리함을 위해 주방을 모두 빼버리고 방을 설계했다.

생활해보니 방에 2층 침대가 2개 들어가기에 4명이 생활하기에 여유 있을 정도로 내부 공간의 부족함은 없었다. 게스트하우스 특성상 방에서는 잠과 샤워를 위한 공간만 필요하기에 그다지 공간을 크게 잡을 필요가 없는 것도 이유다. 공동주방을 중간에 배치해 외부 손님들이 자연스럽게 마주칠 수 있는 공간을 만들고, 먹고 치우는 시간을 절약하고자 했다.

추가로 외부 덱과 2층 덱을 만들어 방이 작아서 답답할 수 있는 부분을 개선하고, 건축비를 줄였다. 2층 계단은 외부에 두어 내부에 계단을 배치하지 않는 것으로 건축공간의 손실을 줄이고자 했다. 각 방의 인원은 최대 4명으로, 최대 인원은 16명 이내의 인원이 공동주방에서 먹고 마실 수 있도록 했고, 그 이상의 인원이 오면 외부에 덱을 활용할 수 있도록 구성했다.

업체와 미팅을 통해 30평 이하로 대략 배치를 끝내고, 건축사무소에 의뢰를 해 건축설계를 가상의 토지에 앉히는 작업을 진행했다. 건축허가사항에 맞게 건물위치를 변경하고, 토지 경계에서 1m 정도 띄우고 배치를 해서 계단이 건축공간에 들어가는지, 건축물이 30평 이하에 맞는지 확인하고, 최종적으로 완료 이후에 건축허가를 건축사무소에 요청하고 기다리면, 건축허가가 나오게 된다. 비용은 약 200만 원 정도 나왔는데, 이는 지역마다, 건축사무소마다 다르니 참고만 하기 바란다. 추가적으로 30평 이하로 건축설계 시 감리가 필요 없기에 가격 및 준공 시 이점이 있으니 참고하기 바란다. 내가 건축한 1층, 2층 설계도면을 포함하니 참고 바란다.

꼬동 게스트하우스 1층 설계도면

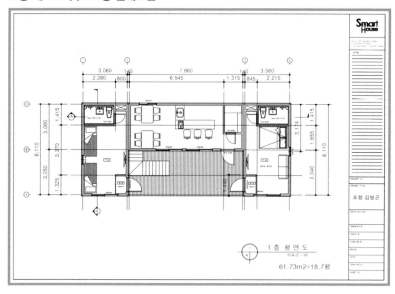

1 층 평 면 도
SCALE 1:50

61.73m2=18.7평

꼬동 게스트하우스 2층 설계도면

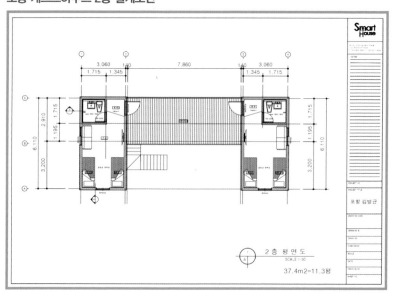

2 층 평 면 도
SCALE 1:50

37.4m2=11.3평

내진
설계

2016년 경주 지진과 함께 2017년 포항 지진이 발생함에 따라 내진설계에 대한 중요성이 점점 더 강화됐다. 더구나 내가 건축하고자 하는 지역도 포항이라서 더욱 신경이 쓰이는 부분이었다. 내진설계 기준이 2017년부터는 2층 이상인 건축물에 대해서 전부 내진설계가 필요하게 변경되어 추가적인 공사비가 들어가게 됐다. 하지만 다른 주택에 비해 비교적 지진에 영향을 덜 받는 목조주택은 예외를 적용해 내진설계가 제외되어 공사비를 절감할 수 있다.

건축에 있어서 안전은 제일 중요한 부분이다. 내진설계에 대한 중요성이 점점 증가하면서, 내진설계 기준도 점점 더 강화되고 있는 상황이다. 나는 내진설계를 하지 않았지만, 앞으로 건축하실 분들은 내진설계도 포함해서 건축설계를 해야 허가를 받을 수 있다. 따라서 안전을 위해서는 해야겠지만, 건축비 증가는 어쩔 수 없는 부분이다. 2층 내외의 건축물에도 내진설계를 하게 되면서 공사비가 대폭 증가됐으니 안전을 지키면서 공사비도 줄이는 방향으로 해야 한다.

2017년 포항 지진 현장 사진

바닷가 게스트하우스
건축하기

경계
측량

이제 허가가 떨어지면 주택의 정확한 위치를 잡기 위해 경계복원측량을 실시해야 한다. 경계복원측량은 대략적으로 자신의 토지 위치는 알지만, 경계점을 찾아서 표시를 하고 건축을 하기 전 필수적으로 해야 하는 일이다. 건축 이후 준공 시에도 꼭 필요하기에 받아야 한다.

경계측량은 한국국토정보공사에서 실시하며, 측량에 예약이 밀려 있을 수 있으니 약 한 달 전에 신청해 일정을 잡아야 건축 착공 시기가 늦어지는 것을 막을 수 있다. 대략적으로 비용은 약 60만 원 전후였던 것 같다. 측량 시 정확한 위치에 표시와 함께 말뚝을 요청하고, 가능하다면 직접 지적측량 시 참관해 말뚝과 표시를 정확히 확인해 사진으로 기록을 남겨두는 것이 좋다.

말뚝 분실 및 건축 시 표시가 없어지는 사건이 자주 발생하기에 추후 발생할 수 있는 사건은 미연에 방지하는 것이 좋다. 나도 경계 표시가 없어져서 다시 재측량을 하는 바람에 추가비용이 발생한 경험이 있다. 재측량 시 기한 내에는 비용을 받지 않는 일도 있으니 참고하기 바란다.

경계측량 표시

경계측량 말뚝

바닷가 게스트하우스
건축하기

착공신고
준비

착공은 공사에 착수하는 것을 말하며, 공사허가를 받았더라도 착공신고를 한 뒤에 공사를 진행해야만 한다. 착공신고는 지역 관청에 신고를 하며, 착공 시 준비해야 하는 서류는 많지만 우리는 건축사무소에 의뢰를 맡겨놓은 상태이기에 건축사무소에서 요구하는 서류들만 준비해 제출하면 된다. 건축주가 알아야 하는 내용은 건축 착공신고 이후에 1년 내 착공을 해야 하는 것이며, 정당한 사유가 있을 시에는 1년 연장이 가능하다. 지자체마다 다른 경우도 있으니 건축사와 해당 관청 공무원에게 명확하게 확인하기 바란다. 착공신고가 완료됐으면 드디어 공사 시작이다.

바닷가
게스트하우스
건축하기

04

공사 시작,
첫 삽에 배부르랴

꼬동
게스트
하우스

토목공사
준비

　드디어 건축허가가 나고 착공신고를 하고 나면 주택 건축을 하게 된다. 주택 건축을 위한 첫 삽은 건축이 아닌 토목공사로 시작된다. 내가 매입한 땅의 경우 법면(경사면)으로 이뤄져 있기에 포클레인으로 법면을 깎는 작업을 바로 실시하려고 했지만, 작업 이전에 땅이 건조되어야 포클레인으로 작업하기도 수월하기 때문에 풀베기 작업부터 실시했다. 풀베기 작업을 하고, 땅이 마를 때까지 보름 정도 기다렸고, 중간에 비가 오면 또다시 보름 정도 기다렸다.

풀베기

공사 시작(포클레인 입도)

건축 준비를 해보면 정말 첫 삽 뜨기도 어렵고, 첫 삽 뜨고 시작하면 '공사를 하지 말고 건축이 완료된 주택을 살 걸' 하는 후회도 하게 된다. 실제로 해보면 비슷한 경험을 하게 될 것이다. 어쨌든 첫 삽을 뜨는 순간이다.

포클레인이 오면 설레고 신난다. 마치 집이 완성된 것만 같아서 가장 기쁜 순간이며, 자신이 원하는 대로 다 이루어질 것 같은 순간이기도 하다. 하지만 인생에서 힘든 순간이 별로 없었다면, 앞으로 닥쳐올 시련에 가장 힘든 순간을 마주하게 될 시작 지점이기도 하다.

공사를 시작하기에 앞서 토지에 경작물이 심어져 있어 건축할 예정이니 경작물을 치워 달라고 경작물을 짓고 있는 분에게 말씀을 드렸다. 건축 시작 전에 경작물을 짓는 분에게 경작물을 수확하고, 만약 건축 이전에도 수확을 못했으면 경작물을 신경 쓰지 말고

바닷가 게스트하우스
건축하기

건축해도 된다는 확답을 받았다. 하지만 건축이 시작하는 단계에서도 경작물은 정리되어 있지 않았다. 이전에 경작물을 정리해도 된다는 얘기를 했기 때문에 공사 전날 다시 한 번 말씀드리고 진행을 했다. 하지만 공사를 시작하고 경작물을 없애니, 말도 없이 경작물을 없앴으면 돈을 달라는 요구를 했다. 처음 얘기하던 것과 다르지 않으냐고 하니, 자신은 들은 적도 없고 사람이 도리를 알면, 돈을 지불하라고 했다. 상식적으로 이해가 가지 않았지만, 알겠다고 하고 공사를 진행했다.

공사관계자와의
관계

　건축이 처음이라면 건축과 관련된 다양한 사람을 만나게 된다. 건축설계사, 토목설계사, 시공업자, 포클레인 운전사, 레미콘 트럭 기사, 미장사 등 처음 마주하는 여러 스타일의 사람들과의 관계도 건축할 때는 굉장히 중요하다. 건축 분야에 종사를 하거나 건축 분야에 종사하는 지인이 있지 않은 경우에는 이런 건설 전문가분들과 공사를 진행할 때 원칙을 세우는 것이 중요하다. 경험상 중요했던 부분은 다음과 같다.

　① 명함 주고받기
　② 공손하게 할 말은 하기
　③ 지인 활용하기

　첫 번째로 명함을 주고받아야 한다. 명함을 주고받음으로써 그 사람이 하는 업무가 공식적인 업체에서 하는지, 불법적으로 하는지 기본적으로는 판단된다. 그리고 추후 발생할 수 있는 분쟁에도 당사자가 누구인지 명확하게 알 수가 있다. 나의 경우 공사업체에서 공사를 진행할 때 하청업체에서 공사를 진행하거나, 하청에 하청을 줘서 공사를 진행할 때 명함을 받지 않고 진행하다가 누가 공사를 했고, 해당 사람이 무슨 잘못을 했는지 알 수가 없어 난감한 경우가 있었다. 원래는 처음 의뢰를 받았던 곳에서 처리를 하고 책임을 져야 하지만, 공사라는 게 변수가 너무 많기에 해당 공사를 진행한 담당자를 알아두는 것이 중요하다. 그래서 최소 명함이라도 받아놓으면, 기본 인적정보를 알 수 있기에 받아두기를 권한다.

두 번째로 공사하는 분들은 내가 돈을 지불하고 일을 하시는 분들이지만, 가끔 불친절하거나 건축주가 주택 건축에 대해 잘 모르기에 무시하며, 대화를 하는 분들이 있다. 특히 이 책을 보는 젊은 독자분들이라면 그럴 경우가 더욱 많을 것이다. 그래서 주택 공사를 하는 관계자분들과 사이좋게 잘 지내는 것이 좋다. 가끔 간식과 음료도 드리고 하면서 좋게 지내는 것이 중요하다. 하지만 건축주가 잘 모른다고 무시하며, 자신의 방식대로 얼렁뚱땅 공사를 하는 분들도 가끔 있다. 이럴 때 명확히 문제가 무엇인지 파악하고, 변경 요구나 원칙대로 공사를 요구해야 한다. 매번 공손하게 얘기를 하면 내가 돈을 주고 일을 시키는 사람인지, 내가 돈을 내고 이게 뭐하는 것인가 할 때가 있다. 그래서 할 말은 하고, 강하게 얘기할 때는 얘기해야 한다. 좋은 게 좋은 거지만 할 말은 하는 면을 보여준다면, 공사하는 분도 건축주의 스타일을 파악하고, 조금 더 안전하고 제대로 공사를 하게 되니 양쪽에 이득이 있다.

세 번째로 자신의 인맥 중에 건축에 관련 있거나 부모님, 부모님 친구나 사촌 친지 등 내가 활용할 수 있는 건축 관련(공사, 토목, 인테리어, 전기, 수도, 행정, 법률 등) 지인은 알아두는 것이 좋다. 정말 건축을 하다 보면 다양한 변수가 너무나도 많이 발생한다. 예를 들면, 건축하러 오던 포클레인이 시골길을 부쉈거나, 건축하는데 시멘트에 강아지가 빠지거나 하는, 정말 생각지도 못한 다양한 변수들이 너무나도 많다. 그래서 건축을 하다 보면 공사 일정대로 잘 진행되면 아무 문제없지만, 갑자기 나타는 변수들이 너무나도 사람을 힘들게 한다. 이런 변수들을 해결할 때 80%는 돈으로 해결 가능하지만, 돈으로도 해결이 불가능한 문제들이 생겨나기도 한다. 그래서 건축 관련 지인이 있으면 조언을 통해 돈으로 얻을 수 없는 다양한 해결방법들을 얻을 수 있다. 한마디의 조언으로 불가능할 것 같았던 공사가 이뤄지기도 하고, 말 한마디로 공사가 진행이 되기도 한다. 다양한 분야의 지인들과 사이가 좋다면 건축뿐만 아니라 향후 영업에도 많은 도움이 될 것이다.

대금
지급 방법

　공사를 시작하면 대금을 주는 시기가 정말 중요하다. 공사 시작 전에 공사대금의 전체를 지불하면 안 된다. 공사대금은 업체와 잘 조율해 공사진행 경과에 따라 지불해야 한다. 업체에서는 처음에 재료를 구입하기 위해서 대금을 요청하기도 한다. 처음에는 계약금 정도로 지불하고, 추후에는 공사가 진행되는 경과에 따라 중간중간 정산을 해야 한다. 처음 계약할 때는 건축주가 하자는 대로 다 하고 비용도 저렴하게 신경 써주는 업체가 있지만, 업체의 변수, 건축 중간에 발생하는 변수로 좋았던 업체도 바뀔 수 있기에 필수적으로 중간중간 정산을 해야 한다.

　추가적으로 공사가 완료되더라도 일정 금액은 준공검사 이후에 지불한다던지 해야 한다. 공사가 완료됐더라도 한 달 정도는 공사 현장의 변수, 시멘트가 양생되는 기간에 변수가 발생할 수 있기에 확인 이후에 지불해야 건축주의 입장에서 최소한의 안전장치를 마련할 수 있다. 필수 불가결하게 공사대금을 지불해야 하는 경우도 발생한다. 이때는 주변인들에게 조언을 얻고 이런 식으로 대금을 지불해야 하는 것이 맞는지 한 번 더 확인하는 것이 좋다. 또한 업체를 선정할 때는 한 번 더 신중하기를 권고한다. 공사완료 이후 공사에 아무 문제가 없더라도 향후 몇 년간 AS가 가능한지도 계약 전에 한 번 더 확인이 필요하다.

정화조
공사

공동 정화조 시설이 없다면 정화조를 묻어야 한다. 정화조는 게스트하우스 신고 시 적정용량에 미달하면 반려가 될 수 있는 사항으로, 건축 전부터 건축사에게 농어촌 민박으로 게스트하우스를 운영 예정이라고 한 뒤 정화조 용량을 여유 있게 묻는 것이 필요하다. 정화조 공사는 땅속에 콘크리트 박스를 만들고 정화조를 넣은 후 콘크리트를 타설하고, 전기 에어 브로어(Air Blower)를 설치

정화조

하는 것으로 공사가 마무리된다. 정화조 공사 시 위치도 중요한데, 정화조 같은 경우 환기시설도 설치하기에 외부에서 음식을 먹는 장소 인근에 환기시설이 설치된다면 불쾌할 수 있다. 건축 완료 이후에 후회하지 말고, 처음 위치를 잡는 것부터가 굉장히 중요하다.

추가로 정화조는 땅을 파고 묻는 것이기에 아무 곳이나 잡으면 될 것 같지만, 정화조가 설치된 곳에 땅을 파는 경우와 그 위치에 추가 공사가 진행될 수도 있기에 정화조 위치는 반드시 한 번 더 고민하고, 설치하기를 권한다. 공사업체에서 알아서 하겠지만, 정화조를 묻고 나서 물을 담아서 정화조가 찌그러지지 않도록 하는 것도 중요하다.

상하수도
공사

상수도는 건축허가 서류를 갖고 해당 지역 관청 수도관리부서에 신청을 하면, 설치업체에서 설치를 진행한다. 이때 마을과 떨어져 있는 토지라면, 상수도관을 묻는 공사를 추가로 진행해야 할 수도 있다. 이때 많은 비용이 발생할 수 있고, 상수도관을 묻는 공사 시에 마을 주민 간에 다양한 민원이 발생하기도 한다.

추가로 관을 묻는 공사는 m당 약 7만 원 정도의 비용이 발생한다. 그래서 100m 정도 상수도가 떨어진 곳이라면, 상수도관을 연장해서 설치할 것인지, 지하수 관정을 파서 진행할 것인지, 경제적으로 따져보고 진행해야 한다. 정말 쉬운 것이 하나도 없다. 만약

상수도 설치 공사

설치 사진

먼 거리의 마을에서 상수도관을 당겨올 때 발생하는 도로 이용 민원이나, 근처 주민들이 불편함을 느껴서 건축하는 것에 대해 부정적인 얘기를 할 때 건축주로서는 정말 힘든 시간을 보낼 것이다.

이런 변수들이 있기에 앞서 언급했듯 마을 사람들과 소통하고, 친밀도를 높여 놓기를 다시 한 번 권한다. 나의 경우는 다행히 마을 인근이라 상수도관이 옆에 있어서 수도관 추가 설치는 하지 않고, 수도만 설치하는 것으로 끝났다.

상수도관을 설치할 때도 직접 가보는 것이 좋다. 내가 건축할 때는 상수도를 설치하는 업체에서 공사일정을 잡았는데, 개인 일정으로 상수도를 설치할 때 직접 가보지 못했다. 그런데 나중에 가보니 내 토지가 아닌 다른 사람의 토지에 설치를 한 것으로 확인되어서 다른 공사 시에 이전하는 것으로 결정했다. 이처럼 작은 공사라도 직접 가서 보고, 안 보고 하는 것이 차이가 많이 나기에, 불필요한 자금의 지출을 줄이기 위해서는 철저히 확인하기 바란다.

추가적으로 상수도관의 크기를 관청에 신청할 때 결정할 수가 있다. 물이 졸졸졸 나오는 것에 민감한 분이라면, 상수도관 크기를 한 단계 올려서 작업하는 것을 권한다.

돈으로
해결하는 변수

　사실 건축하다가 발생하는 대다수의 변수와 민원들은 돈으로 해결이 가능하다. 예를 들면 대형 트럭 진입로가 부족해 진입로를 개설한다든가, 옆집에서 요구하는 건축 변경사항이나 건축 시공 시 발생된 문제점 등은 돈과 시간을 들이면 모두 해결이 가능하다.

　하지만 대부분의 사람들은 시간과 돈을 무한정 가지고 있지 않다. 그렇기 때문에 이런 일들이 발생하기 전에 사전 예방하기 위해서 제대로 된 설계를 하고, 마을 주민들과 친분을 갖는다던가, 건축 지식을 쌓는 등 여러 방안으로 예방해야 한다. 이런 예방법을 알지만 시간이 없어서 못하시는 분들은 건축업자와 계약 시 모든 민원 사항과 건축물 준공까지 완료 이후에 넘겨받는 계약을 하고 돈을 지불하면 해결 가능하다. 나를 비롯해 이 책을 읽는 독자분 중 평범한 직장인이라면, 사전예방법을 잘 숙지해서 최소한의 자금으로 공사 중에 아무런 문제없이 건축을 했으면 좋겠다.

토지의 형질변경
(Feat. 토지 성형수술)

토지의 형질변경은 토지의 모양을 바꾸는 것을 말한다. 토지의 모양을 바꾸는 것에도 몇 가지가 있다.

① 성토
② 절토
③ 정지
④ 포장

첫 번째로 성토란 흙을 쌓아서 높이는 것이다. 농지에서는 '복토'라고 하기도 한다. 간혹 길을 가다 보면 '흙 받습니다'라는 현수막이나 팻말을 본 적 있을 것이다. 건축을 위해서나 조망을 위해서 성토를 많이 하는데, 흙이 꼭 필요할 때는 구하기 어려울 때가 많다.

똑같은 지목과 같은 위치일 때, 땅이 움푹 파인 토지가 그렇지 않은 토지보다 가격이 쌀 때가 많다. 성토에 필요한 비용과 성토된 토지 가격을 잘 비교해보면 어떤 토지를 구매할 때 효율적으로 토지를 구매할 수 있는지 견적이 나오게 된다. 성토 비용과 토지가 성토된 이후의 토지 모양을 잘 생각하며, 토지를 구매하길 바란다. 성토를 위해서는 지역에 성토하는 업체를 찾아서 연락해보던가, 공사현장 포클레인 기사나 트럭 운전사분들에게 물어보면, 싸게 흙을 받을 경우도 있으니 참고하기 바란다.

두 번째로 절토는 울퉁불퉁한 토지를 깎아서 평면으로 만들거나 경사면을 만드는 것을 말한다. 절토할 때 다량의 흙이 나오는데, 인근에 자신의 토지가 추가로 있다면 옮기면 되지만, 흙을 받을 곳이 없거나 좋지 않은 흙인 경우에는 난감한 경우가 많다. 먼저 주변에 흙 받는 곳을 찾아두거나, 공사하는 기사분들에게 흙 버릴 곳을 물어보는 것도 좋은 방법 중 하나다.

단, 건축 중에 흙이 필요할 때도 있으니 흙을 무작정 버리는 것도 고민해봐야 한다. 흙을 버릴 때도 흙을 파는 포클레인과 트럭이 필요하고, 포클레인은 약 50만 원, 트럭은 약 30만 원의 비용이 든다. 잠깐의 선택으로 돈이 나가는 일이기 때문에 신중하게 생각해야 한다. 나의 경우에도 무턱대고 흙을 파내는 데 돈을 쓰고, 건축 중에는 흙이 필요해 포클레인과 트럭을 다시 불러서 흙값을 주고, 다시 흙을 성토한 경험이 있기 때문에 독자분들은 이런 일을 방지해 돈을 아낄 수 있기를 바란다.

세 번째로 정지는 땅을 평평하게 하고, 다지는 작업을 말한다. 건축을 하기 전에 토지 지반이 약하다면 건축을 해도 건물이 흔들리거나 움직일 수 있다. 따라서 토지 지반이 약한 곳이나 성토를 한 곳이라면 무조건적으로 정지작업을 해야 한다. 정지작업은 포클

레인 및 다지는 장비로 하는데, 시간이 많다면 자연적으로 내버려
두면 비가 오거나 시간이 지나면서 어느 정도 정지작업이 진행되
기도 한다.

네 번째로 포장작업은 토지를 아스팔트나 콘크리트를 사용해 평
평하게 도로로 만드는 작업이다. 이 포장작업 이후에는 차량이 이
동할 수 있게 된다.

공사에 방해가 되는
전깃줄 처리방법

　공사를 시작하기에 앞서 중장비가 와서 공사를 하려고 보니, 전 봇대에 너무 많은 전선이 있어 공사를 할 때 안전사고 발생 위험 이 있었다. 전봇대에는 전깃줄과 인터넷 케이블 선, 마을 스피커 선 등 많은 선이 있어서 정리를 해야 했다. 전깃줄 같은 경우는 한 전에 연락해서 불편사항을 전달하면 알아서 불편한 선을 정리해 준다. 인터넷 케이블 선은 인터넷 업체에 연락을 하면 불필요한 라 인들을 어느 정도는 정리해주기도 한다. 추가로 마을 스피커 선은 해당 관청에 연락을 하던지, 마을 이장님에게 연락을 해서 정리를 하는 방법도 있다.

　선을 정확히 알고 연락을 해야 어느 정도 조치가 가능하며, 조치 를 요청할 때는 정중하게 부탁해 처리를 하는 것이 좋다. 이런 부 분이 해결이 되어야 공사가 진행되므로 사전에 연락을 해서 공사 시작 전에 처리를 해놓는 것이 공사 기간을 단축하는 데 많은 도움 이 될 것이다. 공사 기간은 모두 돈으로 연결되기 때문에 공사 기 간을 줄이는 데 총력을 기울여야 한다.

옹벽
공사

드디어 흙을 퍼내기 위해서 포클레인을 불러서 첫 삽을 뜨는 순간이 왔다. 내가 매입한 토지는 법면(경사면)으로, 경사면의 흙을 퍼내야 옹벽을 세울 수가 있었다. 포클레인이 흙을 퍼 나르고, 대형 트럭으로 흙을 버리는 방식으로 초기 공사를 진행했다. 경사면의 흙이 초반에는 다섯 트럭 정도 처분하면 될 것 같았지만, 파내다 보니 열 트럭 이상 파냈다.

경사면을 파내고 옹벽을 쌓기 위해 준비를 하는데, 건축허가를 받고 공사를 진행했지만 뒷집과 맞닿은 관계로 뒷집에서 공사 중단을 요구했다. 중단 사유는 건축허가를 받은 방식이 아닌, 자신이 원하는 방식으로 공사를 요구했다. 명확한 사유는 없었고 자신이 원하는 방식대로 공사를 하지 않으면, 절대 공사를 진행시키지 않겠다고 했다.

건축허가를 받고 공사를 진행했지만, 이와 같은 상황이 발생할 줄은 꿈에도 생각하지 못했다. 이런 상황을 어찌 대처해야 할지 정말 막막했다. 요구하시는 분은 70대 어르신이었고, 대화가 통하지 않았다. 사전에 인사를 드리고 공사에 대해 얘기를 나눴지만, 그때는 공사를 중단하거나 이런 대화는 없이 어서 들어와서 같이 살자고 말씀하셨기 때문에 공사 첫날 이런 상황이 발생할 줄은 몰랐다. 공사 첫날 공사 중단 요구와 막무가내 요구사항, 공사 방해, 너무 많은 변수들이 발생했다.

정식 절차대로 건축허가를 받고 착공신고 이후 건축이 진행됐기에 일방적으로 진행도 해봤다. 하지만 그분이 포클레인 위에 올라가시거나 공사중단을 외치다가 안 되니 공무원을 불러 신고를 해서 공사를 더 이상 진행할 수가 없었다. 그래서 그분이 원하는 방식으로 공사를 진행하고, 그분 집의 담장도 새것으로 교체해드렸다. 또한 자신의 집에 피해 발생 시 7년간 보상한다는 각서를 써주면 공사를 방해하지 않겠다고 요구해서 울며 겨자 먹기로 각서를 써드리고 공사를 진행했다.

하지만 토목설계대로가 아닌, 그분이 원하는 방식으로 공사를 진행하다 보니 무리하게 공사를 하게 되고, 옹벽 높이도 변경되어 오히려 처음 설계보다 어르신에게 더 안 좋게 공사가 진행됐다. 그러자 그분은 다시 원래대로 재공사를 하라고 요구하시면서 하지 않으면, 다시 공사를 방해하겠다고 말씀하셨다.

이에 도저히 해결방법이 없어 공무원을 찾아가서 상담하니, 민원은 해결방법이 없다며 잘 해결하라는 답변만 나왔다. 이에 따라 요구사항을 다 들어 드리기로 하고, 다시 원점에서 재공사를 하기로 했다. 그분이 옹벽에 철근콘크리트를 추가하는 방식으로 진행을 요구해 공사를 했다. 하지만 다음 날 공사현장을 보시더니 철근이 들어가면 건강에 안 좋다고 철근을 빼고 공사하라는 말도 안 되

옹벽공사 사진

는 요구사항을 다시 요구해 공사가 완전히 중단됐다.

나도 더 이상은 요구를 들어 드릴 수 없기에 공사를 중단했다. 그랬더니 2주 후 연락이 와서는 철근콘크리트를 빼고 공사를 하던가, 아니면 공사 진행한 부분을 다 없애라고 요구했다. 이러한 요구사항을 더 이상 들어 드릴 수가 없으니 공사는 무기한 연기됐다. 그분은 연기되는 동안에도 매일 같이 공무원을 찾아가 민원을 요구하고, 나는 답변해야 하는 상황이 한 달간 반복됐다.

이에 따라 공사 중단에 대한 비용과 재공사에 따른 공사비가 지속적으로 발생했다. 시간적으로도 많은 손해가 발생했다. 이런 일을 겪어 보니, 건축하면서 10년 늙는다는 말이 왜 나오는지 알게 됐다.

옹벽공사에서 건축까지 한 달이면 완료되는 공사를 옹벽공사에만 3달 이상 소요됐다. 3달의 기간 동안 공사를 한 기간은 10일이

옹벽공사 이후 바다 뷰

채 안 되고, 민원 대응에만 많은 기간이 소요됐다. 건축을 포기하고 기다리고 있으니, 뒷집에서 두 달 뒤 철근을 빼고 다른 자재를 집어넣어 공사하라고 얘기했다. 공사를 하라고 했다가 또 공사 중단을 요구할 것 같았지만, 다시 한 번 속는 셈치고 공사를 시작하기로 했다.

역시나 다시 공사 중단을 요구하셨고, 자신의 집 담장을 새것으로 교체하면서 자신의 밭으로 가는 길을 만들어준다면, 공사를 해도 된다고 얘기를 했다. 너무 억울하고 분했지만, 어쩔 수 없기에 담장과 밭으로 가는 길을 만들어주고 공사를 시작하기로 했다.

재공사를 위해 3개월 전 공사를 시공한 업체에게 전화를 했으나 재공사를 해줄 수는 없다고 했다. 자신들도 공사 방해로 손해가 많다고 해줄 수 없다는 것이었다. 3개월 전 공사를 마칠 때 공사가 완료되지는 않았지만, 공사 업체가 돈을 먼저 달라고 해서 돈부터 먼저 준 것이 이런 일을 낳게 됐다. 공사 마무리를 해주기로 했지만, 업체 입장에서도 재공사를 하면 또 공사를 방해받거나 너무 힘들 것 같으니, 이미 돈도 받은 탓에 일하기 싫어진 것이었다.

공사 업체는 처음에는 연락도 잘 받고 했지만, 이후에는 연락도 받지 않았다. 뒷집도 힘들었지만 이제는 업체도 힘들게 하니 너무나 막막했다. 돈은 돈대로 손해를 보고, 시간은 시간대로 계속 흘러가고 있었다.

이 글을 읽는 독자분들은 나와 같은 일을 당하지 않기를 기도한다. 앞서 말한 많은 주의사항들을 꼼꼼히 챙겨서 돈과 시간을 아낄 수 있었으면 한다. 다시 본론으로 넘어가서 너무나도 막막했기에 주변 사람을 동원하기로 하고, 가까운 친척들에게 연락을 해서 건축 일을 해본 친척에게 부탁해 재공사를 맡기게 됐다. 지인이고, 건축을 해본 분이니 뒷집과 대화로 풀어갔다. 뒷집 담장을 새것으로 해주고, 밭으로 가는 길을 만들어주며, 어르고 달래고 난 뒤에야 공사를 재개할 수 있었다. 돈과 시간은 손해를 많이 봤지만, 결국 옹벽공사를 마무리하게 됐다.

힘들지 않게
옹벽공사 하는 법

인생에서 정말 힘들었던 적이 몇 번 있었지만, 옹벽공사로 인한 뒷집과의 마찰은 인생의 시련 중 첫손에 꼽을 만큼 너무나 힘들었다. 3개월의 시간이 몇 년 같이 길게 느껴졌다. 독자분들은 나와 같은 시련을 겪지 않기를 바라는 마음으로, 옹벽공사 시에 이런 부분을 보완했다면, 사전에 이런 점을 알았다면 좋았을 텐데 하는 마음으로 이 글을 적어본다. 여러분들은 나와 같이 시간과 돈을 버리는 실수를 하지 않았으면 한다.

　① 주택과 붙은 토지 구매하지 않기
　② 경사가 없거나 최대한 없는 땅 사기
　③ 옆집, 뒷집이 말이 통하는지 확인하기

첫 번째로 주택과 바로 붙은 토지는 아무리 좋은 이웃을 만난다고 하더라도, 공사 중에 다양한 변수가 생길 수 있기에 추천하지 않는다. 그리고 바닷가 게스트하우스의 특성상 시끄러울 수 있기 때문에 건축 시 아무 문제없었더라도, 추후 문제가 또 발생할 수도 있어서 이런 땅은 배제하는 것이 좋다.

아무리 좋은 이웃이더라도 공사 시에 발생하는 다양한 먼지와 공사 장비로 인한 소음, 땅울림으로 인한 주택의 균열 등 너무나도 다양한 민원 발생 소지가 있어서 주택과 바로 붙은 토지는 추천하지 않는다. 주택과 붙어 있다면 상수도나 하수시설, 전기시설 등 편의시설이 가까이 있어서 살기에는 좋지만, 건축 시 스트레스와 건축 이후 소음으로 인한 민원까지 생각한다면, 장점보다는 단점이 훨씬 많기에 이런 땅은 피했으면 한다.

두 번째로 경사가 많은 땅은 옹벽이나 석축 같은 토목공사가 필수로 이뤄줘야 하기 때문에 공사비가 추가된다. 또한 공사 기간이 장기간 소요되며, 부실공사 우려 등 몇 가지 단점을 가지고 시작한다. 경사가 있지만 공사업체의 완벽한 공사로 토지도 싸게 구매하고, 위치도 좋은 그런 토지를 확보할 수도 있지만, 동일한 조건이라면 조금 돈을 더 주고서라도 경사가 없는 토지가 위험 부담이 적고, 건축하기에도 용이하다. 가격이나 위치에서 너무나도 좋으면, 옹벽공사도 고려해야 하지만, 나는 너무 힘든 공사를 실행했기에 이 글을 읽는 여러분은 건축할 때 고생하지 않고, 순조롭게 공사를 했으면 하는 마음이다.

세 번째로 어쩔 수 없이 주택과 붙은 토지를 구매를 하고, 경사가 많아 옹벽공사를 해야 한다면, 주변 이웃과 대화를 하면서 이야기가 통하는지, 막무가내로 말이 안 되는 이야기를 하지는 않는지 한번 대화를 해볼 필요가 있다. 대화를 통해 이 사람과는 어느 정도 소통이 되는지 판단이 가능할 것이다. 토지를 구매하기 전이나 건축을 하기 전에 이웃을 알고 간다면, 이런 사고를 미연에 방지할 수 있을 것이다. 하지만 건축 시작 이전에는 괜찮다가도 막상 건축을 하면 사람이 돌변할 수도 있으니 참고하기 바란다.

주변인과의
마찰해결

나와 같은 사례로 공사를 하다 보면 주변 이웃과 다양한 마찰이 일어나게 되는데, 지나고 보니 사전에 이런 준비를 했다면 조금 더 건축을 편하게 하지 않았을까 하는 마음에 글을 쓴다. 토지를 구입하고 건축하기 전 상황을 가정해본다.

① 땅에 자주 가서 본다.
② 1박 2일 텐트 치고 자본다.
③ 노인정, 마을회관, 청년회에 인사한다.
④ 인맥을 동원해 마을 사람을 알아둔다.

첫 번째로 땅에 자주 가서 보면, 그 주변을 다니는 주민이나 땅의 변수를 사전에 파악해 마찰을 피할 수 있다. 일례로 빈 땅이니 누군가가 작물을 무작정 재배하는 것을 사전에 인지하고, 곧 건축할 예정이니 작물 재배를 삼가해달라고 할 수도 있다. 또는 누군가 내 땅에 쓰레기를 불법 투기하는 것을 예방할 수도 있다. 가끔 토지를 무방비로 방치하다 보면, 사람들이 쓰레기를 무단 투기할 때가 가끔 있다. 쓰레기를 버리는 것도 비용이 발생하기 때문에 예방해야 한다.

현장에 가지 않고도 작물재배를 막는 방법으로 팻말을 붙여놓거나, 쓰레기 불법투기는 펜스를 치는 등의 방법이 있지만, 자주 가봐야 여러 변수들에도 대처가 가능하기에 시간이 된다면 자주 방문해서 확인하면 좋다

두 번째로 1박 2일 정도 텐트를 치고, 실제로 생활을 해봐야 한다. 내 토지에서 1박 2일 거주를 해보면, 이 땅에 자주 오는 사람은 누구인지, 몇 명이나 유동인구가 있는지, 생활하기는 편리한지 확인이 가능하다. 아침에 갔을 때 다르고, 오후에 다르고, 밤에는 또 다른 기운과 느낌이 있다. 밤에 너무 어둡다든지, 아침에는 항구에 배가 들어오고 나가는 소리로 소음이 심하다는 것 등을 파악할 수가 있다. 이러한 변수를 확인하기 위해 1박 2일 지내 보는 것을 추천한다. 자신이 생각하기에 너무나 큰 변수이며 해결할 수 없는 상황이라면, 건축하기 전에 확인해 토지를 다시 판매하는 것도 하나의 방법이다. 시간이 많이 필요하기에 바닷가에 놀러온 기분으로 실행하면 가능하나, 시간이 없는 분은 하지 않아도 무방하다.

세 번째로 마을에 있는 노인정, 마을회관, 청년회를 방문하고 인사를 한다. 음료수라도 한 박스 사들고 곧 이사 오게 될 사람이라고 인사를 하면, 마을에 어떤 사람들이 살고 있고, 인심은 어떤지 대략적으로 파악 가능하다. 인사를 하면서 새로운 인연을 사귈 수도 있고, 사전에 물밑작업으로 음식이라도 해서 같이 나눠 먹는 기회가 있다면, 금방 마음을 터놓고 지내는 든든한 아군이 생길 수

있기 때문이다.

나도 청년회에 인사를 드리고(시골은 청년회라고 해도 50살부터 청년이다), 음식도 나눠 먹으면서 조언과 도움을 얻을 수 있었다. 지역 주민들의 작은 한마디가 건축을 할 때 안 되는 것이 되게 하고, 돈으로 갚을 수 없는 것을 해결할 수도 있기에 인연을 잘 만들었으면 한다.

네 번째로 만약 자신이 거주하고 있거나 고향에서 가까운 곳에 토지를 구입했다면, 주변 지인을 찾아보면 그 마을에 지인이 한두 명은 꼭 있을 것이다. 우리나라는 한두 다리 건너면 친구이고, 친척이기 때문에 몇 다리 건너면 지인은 어떻게든 찾을 수 있다. 지인을 통해서 마을 주민을 한번 만나보고, 인사를 나눠둔다면 마을 정보도 알게 되면서 주변 인심과 불편한 상황이 생겼을 때 대처가 가능할 것이다. 마지막 필살 카드를 가진다는 생각으로 인연을 소중히 하고, 건축뿐만 아니라 건축 이후에 생활까지도 많은 도움을 받을 수 있기에 연을 잘 맺어 놓는다면 향후 많은 도움이 될 것이다.

기초
공사

　정말 힘들고 길었던 옹벽공사를 장시간에 걸쳐 끝내고, 건축하기에 앞서 기초공사를 해야 한다. 기초공사는 건축물 건축 이전에 건축물의 크기만큼 철근콘크리트를 활용해 기초기반을 다지고, 상하수도 배관과 전기배선을 하는 주택 기반을 다지는 공사다.

　업체에 진행할 수도 있었으나 재공사를 맡아준 분에게 믿고 맡겨 기초공사를 실시했다. 지인과 연계되어 있어서 그런지 믿고 맡길 수 있어서 빠르게 시공이 가능했다. 기초공사는 땅의 기울기

건물이 오기 전 기초콘크리트 공사

모듈러주택을 놓기 위한 준비

(Levelling)와 정확한 비율로 토지의 재단이 필요하다. 간혹 비율이 맞지 않게 기초공사를 하게 되면, 주택 전체가 틀어질 수 있기에 정확하게 확인해야 한다. 나는 기초공사를 할 때 토지의 크기가 작아서 그런 부분도 있지만, 토지 전체를 콘크리트로 도배를 했다. 주택의 낭만인 텃밭을 위해 공간을 비워두면 좋지만, 주택 관리를 해보면 손이 정말 많이 간다는 것을 알고 있었기에 텃밭을 과감히 없애는 방식으로 기초기반공사를 마무리했다. 토지가 여유가 된다면 작게 상추, 파 등과 같은 작물을 심기 위한 작은 텃밭 정도는 마련하면 좋다.

바닷가
게스트하우스
건축하기

바닷가
게스트하우스
건축하기

Chapter

05

10년 늙지 말고,
하루 만에 건축하기

건축물 내·외부 결정하기

건축을 하게 되면 지금껏 살아오면서 결정한 것보다 더 많은 결정을 하게 된다. 건축 골격부터 내장재, 외장재, 인테리어, 공간배치 등 정말 결정해야 할 것이 너무 많다. 대부분 직장인은 건축 전문가가 아니기에 신중할 수밖에 없으며, 하나하나 신중하게 선택한다고 하더라도 생활을 해봐야 장단점을 판단할 수 있기에 결정이 정말 쉽지 않다.

나는 변형과 기본이 있다면 기본형으로 하고, 내외장재도 제일 손이 덜 타는 것으로 결정했다. 그렇게 결정된 것이 주택의 기본형인 하얀 벽지와 외장재는 비가 오면 자동으로 세척이 되는 세라믹 사이딩으로 결정했고, 주방은 약간 독특하게 아일랜드 주방으로 설치했다. 나중에 완료하고 사용해보니 독특하게 변형한 아일랜드 주방이 보기에는 좋으나, 사용하기에는 불편한 감이 있었다. 역시 집이나 자동차나 순정이 살 때나, 팔 때나 가장 편리하고 실용적이다. 결론은 자신이 특별히 원하는 게 없다면, 기본형으로 사람들이 가장 많이 사용하는 것으로 결정하는 것이 제일 좋다.

외장재의 종류

구분	내용
목재	건축 외장재 중에서 가장 자연친화적이고, 시공 중에 발생하는 유해물질이 적다. 표면이 자연스럽고 아름다우며, 다른 재료와 조화가 잘된다. 하지만 목재는 유지 및 관리가 어려우며, 뒤틀리거나 부식 가능성이 있다.
자연석	자연의 돌을 그대로 사용해 인위적이거나 가공하지 않은 돌이다. 표면에 때가 잘 타지 않고, 강도가 강하며, 잘 깨지지 않는다. 자연석은 종류가 다양해 선택의 폭이 넓다. 시공이 어렵고, 작업시간이 많이 소요되며, 자연석 모양을 그대로 유지하고 있어서 외관을 꾸미기 어렵다.
벽돌	건물 외벽에 가장 많이 사용되는 외장재로 유행을 타지 않고, 오래되어도 질리지 않는다. 다른 재료와도 잘 어울리며, 오염에 강하다. 여러 가지 색으로 외관을 꾸밀 수 있고, 다양한 연출이 가능하다. 내구성이나 수분에 강한 편이나, 벽돌은 탄력성이 낮아서 균열이 발생할 수 있고, 부실공사 시 백화현상이 나타날 가능성이 있다.
인조대리석	인공적으로 만든 외장재로 자연석에 비해 시공성이 좋다. 고급스럽고, 다양한 색상을 선택할 수 있으며, 공장에서 생산되는 제품이라서 품질이 균일하다. 인조대리석은 열에 약한 편이고, 표면이 오염되기 쉬우며, 강한 충격에 깨지기 쉽다. 추가적으로 가격이 높을 수 있다.
스타코 (Stucco)	대리석가루와 점토분을 섞어 만든 외장재로 시공성이 좋고, 시공기간이 짧으며, 유지보수가 쉬운 편이다. 단열과 방수를 동시에 시공할 수 있고, 마감 표현이나 색상이 자유롭다. 스타코는 표면이 오염되기 쉽고, 외부 충격에 약해서 파손위험이 있다.
징크 (Zinc)	요즘 가장 유행하는 외장재로 아연이 주성분인 금속성 외장재다. 내구성이 뛰어나고, 부식에 강하며, 방수성능이 매우 좋다. 외관이 특이해 이국적인 느낌을 주고, 다양한 기후 변화에도 뛰어나서 수명이 오래 간다. 징크는 수입산이 많아서 가격이 고가이고, 표면이 벗겨지면 부식이 생기거나 뒤틀림이 발생할 수 있다.
사이딩 (Siding)	목재, 시멘트, 플라스틱, 알루미늄 등 다양한 소재로 구성된 외장재로 가격이 저렴하고, 시공하기 좋다. 다양한 소재로 인해 소재별로 특징을 살려 외관 시공이 가능하다. 소재별 단점이 있을 수 있고, 품질이 떨어질 수 있다.

내장재의 종류

구분	내용
페인트	친환경 페인트로 시공하면 탈취, 습도조절, 환경호르몬 흡수 등 다양한 기능성 페인트가 많다. 단점으로 갈라짐 현상이 발생할 가능성이 있다.
대리석	다양한 종류가 있으며, 종류마다 가격차이가 나고, 가장 비싼 자재로 시공 후에도 고급스럽다.
목재	삼목, 편백, 루나우드(Lunawood) 등이 주로 쓰이며, 따뜻한 느낌과 습도조절이 용이하다. 친환경적인 자재로 시공도 간편하며 힐링을 위한 공간에 자주 쓰인다.
벽지	가장 기본적인 내장재로 다양한 벽지 종류가 있으며, 가격 또한 천차만별이다. 몇몇 벽지에서 유해물질이 포함되어 요즘에는 친환경 제품이 많이 나오고 있다.

스트레스 받는 건축공사 쉽게 처리하기

어떻게 보면 가장 스트레스를 받는 건축공사는 사전에 모듈러 방식으로 외장재, 내장재, 인테리어, 화장실 등 모든 것이 벌써 결정되고, 완성되기에 사실 신경 쓸 것이 없다. 공사를 하는 업체에 들러서 잘 만들어지고 있는지 확인하고, 선택을 해야 하는 부분도 있었지만, 옹벽공사에 너무 많은 에너지를 쏟고, 스트레스를 받아서 건축은 업체에 모든 것을 맡기고 진행했다.

옹벽공사와 모듈러주택 완성이 같이 진행되어서 건축완공 시점은 한 달 이내로 잡았기에 모듈러주택은 벌써 완성되어 있는 상태였다. 옹벽공사가 너무 장기간 소요되는 바람에 주택 완성 이후 외부에 방치되어 노후가 진행되고 있는 상태였다. 몇 달 지나지는 않았지만 말이다.

내가 선택한 모듈러주택(이동식주택)은 목조주택이어서 주택을 완성하지 않고, 방치할 경우 뒤틀림 현상이 발생할 수 있어서 많은 손해를 볼 수 있는 상황이었다. 옹벽공사에 이렇게 많은 시간이 소요될지 예상하지 못했고, 업체에서 이런 사정을 이해해주고 양해해줘서 별 문제는 없었지만, 모듈러주택이 완성됐다면 빠르게 설

바닷가 게스트하우스 건축 완성 사진

치하는 것이 좋다.

실제 기초공사 완성을 다하고 나면, 모듈러주택을 트럭에 신고 이동하게 된다. 크레인 기중기를 활용해 트럭으로 이동한 모듈러 주택을 콘크리트 기초 위에 정확히 올려놓으면 끝난다. 실제로 이 작업은 하루 만에 완료가 됐다. 옹벽공사가 3개월 걸리고(실제 공 사일은 10일 이내), 건축은 하루 만에 끝났다.

사실 이 작업도 뒷집이 집을 놓지 말라고 공사 방해를 계속 시도 했지만, 허가를 받고 진행하는 것이기에 무작정 진행해서 겨우 작 업을 완료할 수 있었다. 하루 만에 끝나서 별일은 없었지만, 건축 물을 놓는 것도 못하게 하는 것이 정말 너무 고통스러웠다. 사실 별다른 민원 없이 공사를 진행하게 되면, 옹벽공사, 기초공사, 주택 건축(모듈러주택) 모두 한 달이면 모든 공사가 끝나기에 정말 빠르게 본인이 건축한 집의 형상을 볼 수 있다.

전문가에게
맡기자

사실 건축하는 부분이 이 책에 가장 많이 들어가야 하지만, 가장 짧고 간단하게 끝낸 이유는 건축할 때의 스트레스를 최소화하기 위해서다. 건축 스트레스를 최소화하기 위해서 하루 만에 건축하는 모듈러주택으로 선택했고, 내용도 최소화했다. 하루 만에 건축하는 것도 건축할 때 건축 기간을 줄이거나 비용을 줄이는 부분도 있지만, 스트레스를 줄이는 것이 가장 크다. 행복하기 위해서 건축하는 데 스트레스가 많으면 안 되기 때문이다.

건축을 하고자 한다면 다양한 건축 지식과 사람을 많이 알아야 하지만, 독자분들은 이것 하나만 기억하면 된다. 우리는 건축에 관해 전문가가 아니라는 사실이다. 그래서 건축과 관련된 다양한 분야를 전문가들과 상의해야 한다. 예를 들어 공인중개사는 토지 거래에 대해서는 전문가이겠지만, 건축 분야에서는 초보자다. 또 건축에 대해 전문가라고 하더라도, 토목 분야에서는 지식이 부족할 수가 있다. 이처럼 우리는 각 분야의 전문가를 활용하면 된다. 우리가 전문가가 아니라는 사실을 인정하며, 자체적으로 판단하고 결정하는 우를 범하지 말고, 모든 분야에서 전문가와 상의하고, 가장 좋은 답을 찾아서 선택해야 한다. 그래야 실수를 최소화해 안정적이고, 가성비 좋은 건축을 할 수 있다.

전문가를 찾았으면 사기꾼인지, 도움을 주려는 사람인지 정확하게 파악하고, 사기꾼은 가려내서 도움이 될 사람과 상의해서 건축을 하면 된다. 이를 위해서 분야별로 누가 전문가인지만 알면 헤맬 것이 없다. 토지 거래를 위해서는 공인중개사를 만나면 되고, 건축 설계와 허가 관련 등을 위해서는 건축사를 만나고, 토목과 관련해서는 토목설계사무소를 찾아가면 된다. 전기 분야는 전기업자에게 문의를 하고, 상수도는 해당 관청에 문의를 하면 된다. 간판은 간판 전문업체에, 홍보 마케팅은 마케팅업자에게 질문을 하면 된다. 이처럼 다양한 분야의 전문가를 찾아가서 상담하고 문제를 해결한다면, 가장 좋은 답을 찾을 수 있다. 지속적으로 경험하고, 지식을 쌓아간다면 후에는 가장 좋은 판단과 결과를 낼 수 있을 것이다.

덱(Deck)
작업

집은 완성됐지만 덱 작업이 남아 있었다. 덱은 철이나 나무 같은 재질로 많이 작업을 진행한다. 하지만 철 재질로 작업을 할 때는 바닷가와 가까운 곳은 아무리 염분에 강한 재료로 설치하거나 도금된 재료를 사용한다고 해도, 파도가 부서져서 날아오는 염분에는 약할 수밖에 없다. 그래서 인테리어로도 좋고, 보기에도 좋은 염분에 강한 목재 재질로 덱 작업을 많이 한다.

나는 주택 건축업체의 추천으로, 방부목으로 작업을 진행했다. 목재로 작업을 한다면 목재의 뒤틀림과 마름현상으로 오일 스테인(Oil stain) 작업을 1년에 한 번 이상은 해줘야 장기간 사용이 가능하다. 손이 많이 가기에 요즘에는 합성목으로 작업을 많이 하기도 한다. 합성목도 단점이 있고 가격적인 면에서도 비싸다고 하나, 손이 많이 가지 않고 장기간 사용이 가능하다고 하니 합성목으로 시공을 해보는 것도 괜찮을 것 같다. 외부계단과 덱 작업을 하고 나니 별다른 인테리어를 하지 않아도 뭔가 여행 온 기분을 느낄 수 있었다. 최종적으로 나무 덱과 계단을 설치하고 난 뒤에 바다를 바라보니 건축하기를 잘했다는 마음이 들었다.

1층 계단 덱 사진

2층 덱 사진

바닷가 게스트하우스
건축하기

가로등
설치

　건축 이후에 밤에 가보니 가로등도 없고, 너무 어둡다고 느꼈다. 시골 같은 경우 이런 곳이 많기에 이럴 때 해결 방법을 설명하고자 한다. 가로등이 있는데 안 나오는 경우는 읍면 해당 관청에 전화해서 가로등이 나오지 않으니, 수리될 수 있도록 해결해달라고 요청하면 된다. 하지만 가로등이 없을 때는 이곳에 가로등이 필요하며, 사고 위험이 있으니 해결을 요청하면, 가로등을 추가로 설치해줄 것이다. 나도 해당 관청에 이러한 요청을 해서 집 앞에 LED 신규 가로등을 설치해 밤에도 편리하게 이용할 수 있었다. 작은 부분이지만 손님이 찾아올 때나 생활에 많은 도움이 되므로 알아두길 바란다.

일반 가로등

현재 LED 가로등

담장
만들기

　집을 다 지었으면 집의 경계 설정과 기본적인 집의 경비를 위해 담장을 설치한다. 나의 경우는 도로보다 1m 이상 높이 있기에 준공 시 담장이 없으면 위험하고, 준공이 나지 않기 때문에 담장을 필수적으로 설치해야 했다.

　담장은 정말 다양한 재질로 설치할 수 있어서 어떤 식으로 설치하느냐에 따라서도 가격이 천차만별이다. 기본적으로 많이 설치하는 담장으로는 그물망 모양으로 된 철제펜스를 많이 설치한다. 하지만 바닷가의 특성상 염분으로 인한 부식이 발생할 수 있기에 철제펜스는 제외했다. 부식 방지를 위해 나무 담장이나 벽돌 담장을 하려고 결정했고, 최종적으로는 구멍이 뚫린 벽돌을 직접 쌓는 방식으로 담장을 설치하기로 결정했다.

　옛날에는 벽돌 담장을 설치하려면 미장 작업을 조금이라도 알아야 설치를 할 수 있었으나, 요즘에는 실리콘을 발라서 벽돌 담장을 설치할 수 있는 좋은 자재들이 많이 나왔다. 벽돌 같은 경우도 다양한 인테리어 벽돌이 많이 나와서 내가 원하는 디자인으로 손쉽게 설치방법이 나와 있어 설치할 수 있다. 디자인 벽돌을 3팔레트 시켜서 실리콘을 발라서 설치를 했고, 아는 친구 한 명을 불러서 설치하는 데 6시간 정도 걸렸던 것 같다. 조금 실수도 있었지만 그다지 어렵지 않게 설치를 했고, 현재까지 별다른 이상 없이 담장으로써 역할을 다하고 있다. 담장 사이로 노을이 지는 저녁에 바다를 바라보면 정말 운치 있다.

바비큐와 담장

노을과 담장

건물
전기 연결

　이제 수도도 연결되고, 전기만 들어오면 기본적인 숙식이 가능한 진짜 집이 된다. 수도는 기초 건축 시 배관작업을 해서 주택 건축 완료 후 간단히 연결하면 완료된다. 전기는 건물 공사 이후에 연결을 하는데, 가정용 전기와 상업용 전기를 선택할 수 있다. 가정용 전기를 설치하면 기본요금은 저렴하나, 전기를 많이 사용할 경우 누진세로 인해 비용이 많이 나온다. 대신 상업용 전기를 설치하면 기본요금은 비싸나, 전기를 많이 사용하면 가정용 전기보다 요금이 적게 나오게 된다.

　나는 집에 난방과 인덕션을 사용하고, 여름에는 에어컨 사용을 하니, 전기는 상업용으로 하는 것이 유리해서 상업용으로 신청을 하려고 했다. 하지만 설계 부분에서 꼬여 가정용으로 설치했다. 게스트하우스 운영 같은 경우에는 전기를 많이 사용하므로, 상업용 전기를 설치하는 것이 바람직하다. 전기 설치 시에는 전기 담당자에게 어떤 전기를 설치할지 요청을 하고, 분전반 제작도 함께 요청하면 된다. 전기는 1kw당 금액이 정해져 있는데, 30평 건물의 경우 전기를 설치할 때 분전반 제작비용까지 포함해서 약 400만 원이 소요됐다.

전기 분전반 사진

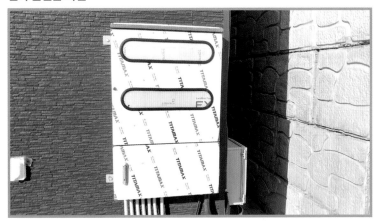

전기 분전반 내부 사진

바닷가
게스트하우스
건축하기

호구가 되지 않는
준공검사 방법

끝날 때까지
끝난 게 아닌 준공

　이제 건축이 완료되고, 기본적인 주거가 가능한 집으로 형태를 갖췄다. 하지만 준공검사를 완료해야 거주를 할 수 있기에 필수적으로 준공검사를 맡아야 된다. 준공검사는 건축사와 토목설계사에게 요청을 하면, 해당 관청에 신청을 해 공무원이 직접 나와서 준공검사를 하게 된다.

　나는 여러 사정으로 본래 건축설계 도면이 아닌, 뒷집의 방해와 공사 변경으로 인해 설계대로 진행하지 않아서 설계변경이 완료된 이후에 준공검사를 진행할 수 있었다. 설계변경에도 추가적으로 돈이 들게 된다. 먼저 설계변경 부분을 도면 수정하고, 토목설계 부분도 옹벽의 위치와 높이가 변경됐다면, 변경설계를 실시해야 한다. 뒷집의 민원 때문에 추가비용이 정말 많이 들었다.

　이 책을 보는 독자분들은 이렇게 꼬인 건축과정을 본보기 삼아 이런 일이 벌어지지 않도록 미연에 방지했으면 한다. 어쨌든 변경을 해야 했기에 건축사와 토목설계사에게 변경을 요청했으나, 추가적인 비용이 들고, 변경 부분 수정을 제대로 진행하지 않아 직접 뛰어다니며 설계변경 부분을 요청하고, 수정해 겨우겨우 변경할

수가 있었다. 그리고 건축사와 토목설계사 간의 의사소통이 잘 이
뤄지지 않아 서로 본인들이 하는 일이 아니라는 것처럼 얘기를 해
서 중간에 소통하는 역할까지 맡았다. 정말 건축이 완료되어도 끝
날 때까지 끝난 것이 아니리는 생각이 들었다.

공무원에게
설명하기

이제 준공서류를 넣으면 됐기에 가만히 기다리고 있으면 끝날 줄 알았다. 하지만 공사가 지연되는 사이, 건축 담당 공무원이 변경되어 왜 공사를 중간에 변경했는지, 설계를 왜 지금 변경하는지 설명을 해달라고 요청이 왔다. 공무원은 1~2년 이내에 인사이동이 자주 있기에 전임 공무원에게 설명을 잘했다고 하더라도 바뀌는 경우가 있으니 참고하기 바란다. 현재 상황에 대해 설명을 하고, 어려웠던 점을 이야기해서 겨우겨우 준공서류를 받아주기로 했다. 이런 과정들은 건축 중에 별 문제가 없다면 겪지 않아도 될 일이지만, 이런 일도 있으니 참고하시라고 적는다. 공무원은 시민들을 위해 일을 하는 사람이므로 정중하게 대해야겠지만, 민원인들의 고충도 들어야 하는 직업이기 때문에 대화를 잘 풀어나가면 된다.

구조검토확인서

이제는 정말 준공이 나서 끝날 줄 알았다. 하지만 다시 요청이 오기를 옹벽공사가 변경이 됐기에 구조가 안전한지에 대한 검증 서류가 있어야 한다고, 구조검토확인서를 가져오라고 하는 것이었다. 옹벽공사를 진행한 업체에 요구를 했지만 자신들은 모르는 내용이라고 하고, 옹벽설계를 한 곳에 연락을 하니 자신들은 그런 것은 작성하지 않는다고 하는 대답뿐이었다. 그마저도 연락을 계속하니 받지 않았다. 법적으로 해결하려고도 했지만, 법원절차를 거치면 최소 6개월 이상 소요되기에 그렇게 할 수 없었다. 집은 완성됐지만 준공이 언제 해결이 될지도 모르기 때문에 또 여러 방안을 찾아봤다. 그렇게 구조검토를 전문으로 하는 업체가 있다는 것을 확인하고, 의뢰를 하려고 보니 업체에서 너무나 큰 금액을 요구했다. 이제는 돈도 더 이상 없고, 정말 포기하고 싶었다. 2~3주의 시간이 지나고 계속 알아보니 구조검토를 하는 소규모 업체가 있어서 처음보다는 적은 금액으로 작성을 할 수가 있었다. 구조검토확인서를 받아서 제출을 하고, 일주일 정도 지나니 드디어 준공을 할 수가 있었다.

구조검토확인서

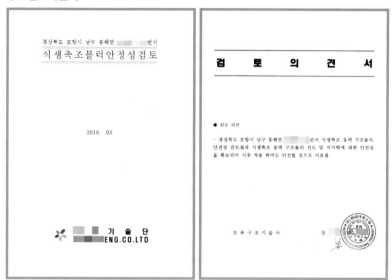

준공을
받기까지

　드디어 건물 준공을 끝냈다. 처음 토지를 구매했을 때와 같은 실패를 경험하지 않기 위해서 주변 사람들도 내 편으로 만들고, 건축 지식도 다양하게 쌓았다. 또한 건축 시에 다양한 변수가 발생할 것을 대비해 하루 만에 짓는 모듈형(이동식)주택으로 결정도 하고, 모든 변수를 최소화했다. 하지만 역시나 건축은 만만한 작업은 아니었고, 시련도 많았다. 마침내 준공을 받기까지 기간을 정리하면 다음과 같다.

　① 2015년 2월 : 바닷가 토지 구매
　② 2015년 2월~2017년 4월 : 건축물에 대한 구상
　③ 2017년 5월 : 업체 선정 및 설계 실시
　④ 2017년 7월 : 건축허가
　⑤ 2017년 9월 : 착공
　⑥ 2018년 5월 : 준공 완료

　(※ 본래 계획은 2017년 10월에 공사 완료, 2017년 11월 준공)

바닷가
게스트하우스
건축하기

바닷가
게스트하우스
건축하기

게스트하우스 운영 :
때로는 사장처럼
때로는 머슴처럼

농어촌 민박
허가 받기

　준공을 받았으면 농어촌 민박 신고를 해야 정상적인 영업이 가능하다. 농어촌 민박을 허가 받기 위해 건축 설계과정에서부터 준비했기에 별다른 특이사항 없이 농어촌 민박 신고가 가능했다. 농어촌 민박 허가 신고를 위해 짚어 볼 사항은 다음과 같다.

　① 읍면 지역에서만 농어촌 민박 허가 가능
　② 연면적 230㎡ 이하로 건축(대략 70평 이하)
　③ 자신이 건축한 주택으로 전입신고 필수
　④ 소화기를 구비하고, 방마다 객실 경보형 감지기 설치
　⑤ 건축면적에 맞는 정화조 용량 설치

　이렇듯 5가지가 준비됐다면, 농어촌 민박사업자 신고서, 소유자가 아닐 경우 임대차계약서, 수질검사 성적서, 토지대장사본, 정화조 용량사진을 가지고 관할 관청에 간다. 신고를 하러 왔다고 하면, 추가 서류나 미비한 서류를 알려줄 것이다. 관할 부서에서는 실제로 게스트하우스를 하기 위한 준비가 되어 있는지, 안 되어 있는

지, 확인점검도 나올 수 있기 때문에 준비가 다 됐을 때 신고하는 것이 좋다. 추가적으로 조식을 제공하느냐, 안 하냐에 따라 별도의 제약이 있을 수도 있으니 참고 바란다. 농어촌 민박 신고를 하면, 1년에 한 번 정기적인 교육을 받게 된다. 별다른 내용은 아니고, 농어촌 민박 법률 변경 사항이나 위생안전, 화재안전 내용이 주를 이루고, 반나절 가량 교육을 실시한다.

농어촌 민박사업자 신고필증

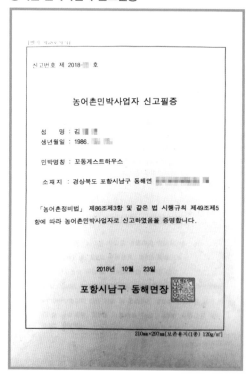

바닷가 게스트하우스
건축하기

게스트하우스 CI 만들기

이제 건물은 준공을 받았기에 게스트하우스 CI(Corporate Identity)를 제작하기로 했다. CI는 개인이 가진 재능을 판매할 수 있는 크몽이란 사이트에서 만들었다. 전문가를 선택하고, 자신이 원하는 이미지와 이름으로 의뢰를 하면, 금액에 따라 품질이 달라지지만 게스트하우스라는 이미지만 포함될 수 있으면 되기에 고액의 CI 제작은 필요하지 않다.

나는 2만 원으로 내가 원하는 서체와 작은 마크가 포함된 게스트하우스 CI를 가질 수 있었다. '꼬동'이란 명칭은 어릴 적 별명으로, 아직도 집에서는 이름보다는 꼬동으로 불린다. 어릴 적 하도 꼿꼿해서 그런 별명이 지어졌다고 하는데, 나는 기억하지 못하기에 정확한 별명에 대한 유례는 모른다. 그럼에도 불편하지 않은 별명이기에 '꼬동 게스트하우스'라고 명칭을 지었다.

꼬동은 고동이라는 의미도 있기에 게스트하우스 명칭에 작은 고동마크를 넣는 것으로 최종 결정했다. 게스트하우스를 다녀간 손님의 말을 빌리자면, 귀엽고 아기자기한 이름이라 좋았다고 하니 이름을 잘 정했다고 생각했다. 나의 사례를 참고해서 자신이 원하

는 네임과 마크를 의뢰해 적은 금액으로 게스트하우스 마크를 제
작한다면 의미 있고, 홍보에도 도움이 될 것이다.

꼬동 게스트하우스 CI

바닷가 게스트하우스
건축하기

2층 침대
설치하기

　내가 생각한 게스트하우스의 첫 이미지는 2층 침대였다. 가성비를 최우선으로 하는 나는 몇 가지 2층 침대를 계속 알아봤고, 나무 침대와 철제침대에 직접 누워도 보고, 가격 비교를 해봤다.

　마지막에 선택한 것은 이케아에서 본 2층 침대였다. 조립을 해야 하긴 했지만, 가격도 착했으며, 디자인적으로도 보기 좋았다. 처음

2층 침대

조립을 해봐서 그런지 장정 2명이서 조립을 해도 3~4시간이나 걸렸다. 하지만 이것도 하면서 실력이 늘어나는지 2번째 조립을 혼자 해보니 3시간 이내로 끝냈다.

조립을 완료한 후에 누워 보니 아늑하고 괜찮았다. 손님들의 후기에도 다른 곳에 묵었을 때보다는 숙면을 취했다고 했다. 침대와 함께 매트리스도 같이 오기에 가격적인 측면에서 가성비가 좋았다. 2층 침대는 종류도 많고, 가격도 천차만별이니 내 경우는 참고만 하고, 좋은 침대를 구매하길 바란다.

침대를 준비하고 나니 침대 패드와 이불, 베개 세트가 필요했다. 침대 패드와 이불, 베개는 인터넷에 평점 좋은 것으로 구매를 했다. 사용해보니 때가 많이 타지 않는 것으로 구매를 하면 좋을 것 같다. 사이즈는 침대 사이즈에 맞게 싱글이냐, 퀸이냐에 따라 침대 패드와 이불, 베개 세트를 구입하면 된다.

청소와
빨래

건물 준공도 끝났고, 농어촌 민박 허가도 받았으니 이제는 실전 게스트하우스 영업만 남았다. 게스트하우스를 운영한다면 낭만적이고 좋은 점도 많지만, 기본적으로 청소와 빨래가 정말 크게 다가온다. 청소와 빨래가 몸에 밴 성격이라면 그다지 어렵지 않을 것이다. 처음에는 어렵더라도 하다 보면 시간이 지날수록 빨라지고, 몸에 익숙하게 된다. 그러나 청소와 빨래가 익숙지 않은 사람은 청소, 빨래 스트레스 때문에 게스트하우스를 괜히 시작했나 하는 후회가 들기도 한다. 뭐든 익숙해지면 잘하고 빨라지듯이 진득하게 한번 해보길 권하고, 6개월간 해봤는데도 힘이 들면, 다른 방법을 강구해보길 권한다. 청소와 빨래를 누군가에게 맡기고, 돈을 지불하는 방식도 고려해볼 만하다.

독자분 중에 나처럼 30평 이하의 게스트하우스를 운영한다면, 크기도 작고 관리할 곳도 많지 않아서 혼자서도 충분히 2시간 이내에 관리가 가능하니 꾸준히 한번 해보길 권한다. 사실 나도 청소와 빨래가 몸에 배어 있지 않아 처음에는 조금 힘들었지만, 꾸준하게 하다 보니 착착 빠른 시간 안에 청소와 빨래를 진행할 수 있었다.

게스트하우스 파티

게스트하우스에 파티가 빠지면 앙꼬 없는 찐빵이라고 생각한다. 나도 사람을 많이 만나는 것에는 어색함과 거부감이 있지만, 소수 인원과의 소통은 좋아하고, 사람 간의 관계 속에서 얻어지는 것이 많다고 생각한다. 그리고 게스트하우스에서 아무런 소통이 없다면 여행의 낭만이 없지 않을까.

나는 1명이 오든, 방이 꽉 차서 12명이 오든, 게스트가 원하면 파

꼬동 게스트하우스 파티 안내

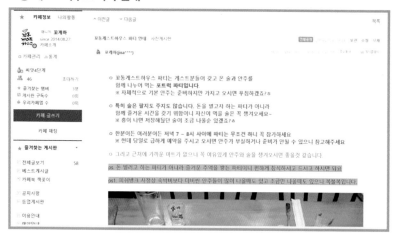

게스트하우스 파티 사진

티를 진행했다. 게스트가 가지고 온 음식을 나눠 먹고, 나도 음식을 준비해서 먹는 포트럭 파티(Pot-luck party)로 운영을 했다. 게스트들도 즐거워했고, 나도 다양한 사람들을 만나면서 지식적으로나 생활에서 새로운 활력이 됐다.

　나이가 적고, 많고를 떠나서 배울 것이 많은 사람 덕에 새로운 생각을 해볼 수도 있었고, 배울 것이 없는 사람에게서는 '저런 식으로 살면 안 되겠구나'라는 경각심을 배울 수 있었다. 그리고 사회에서는 악인이고 힘든 사람이지만, 여행에서는 그 사람의 장점만 볼 수 있듯이 사람마다 가진 고유의 장점을 많이 볼 수 있는 시간이 게스트하우스 파티인 것 같다.

술에 대한
단상

 게스트하우스를 운영하다 보면, 술의 장점과 단점들이 많이 부각된다. 술의 장점이라면 처음 만난 사람과도 몇 년 된 친구처럼 금방 친밀한 관계를 가질 수 있고, 내면의 솔직한 모습을 빨리 나눌 수 있는 장점이 있다. 하지만 게스트하우스를 운영하다 보면 술을 먹고 주정을 부리는 사람도 많고, 침구에 토하는 등 다양한 사

포항 과메기와 소맥세트

람들이 모이는 게스트하우스여서 여러 사건사고가 발생하게 된다.

따라서 술의 장점은 최대한 이끌어내면서 어느 정도 제한을 두는 것이 좋다. 술은 11시 이전까지만 마신다던지, 가지고 온 술이 떨어지면 추가 술은 안 받는다든지 하는 것이 좋다. 나도 술을 좋아하기에 정말 즐거운 분위기라면, 새벽을 넘기기도 한다. 제한을 한다고는 하지만, 돌발 변수로 토하거나 이런 일은 가끔씩 일어나기도 하는데, 이럴 때는 추가비용을 지불하게 한다거나, 대수롭지 않게 치우고 잊어버리는 것도 필요하다. 술과 게스트하우스는 떼려야 뗄 수 없는 관계이지만, 선을 잘 지킨다면 술과 함께 즐거운 시간을 보낼 수 있을 것이다.

계절에 따른
변수(살아봐야 보이는 단점들)

　게스트하우스를 운영하다 보면 계절별로 챙겨야 하는 것이 보인다. 건축을 하기 전이나 살아보기 전에는 모르는 것들이다. 바닷가 게스트하우스에서 겨울을 지나 보니 신경 쓸 것이 한두 가지가 아니었다. 먼저 바닷가와 너무 가까워서 파도가 게스트하우스 바로 앞까지 치기도 하고, 태풍이나 파고가 높을 때는 파도가 직접 집에 튀어 염분 알갱이가 집에 묻기도 했다. 바닷가와 가까워서 장점도 많았지만, 단점도 많았다.

　그리고 주택이다 보니 겨울에 동파 위험이 있었다. 손님이 많은 방은 괜찮았으나 손님이 자주 쓰지 않는 방은 추운 날에 방에 가 보면 세면기가 얼어서 터져 있기도 했다. 외부 상수도 라인도 동파 위험이 있기에 동파 방지를 위한 작업이 필요했다. 그래서 영하로 떨어지는 겨울에는 수도를 열어 놓는 방법을 통해서 해결하기도 했다.

　겨울에는 파도도 많이 치지만, 바닷가 특성상 바람이 너무 심했다. 추위와 함께 엄청난 바람이 불어와 외부 활동은 거의 할 수 없을 정도였다. 또 여름에는 너무 덥기에 외부 활동을 하기가 어렵다. 바닷가 게스트하우스의 최고 성수기 시기인 여름을 잘 보내기 위해서는 외부에 천막이나 그늘막을 설치해 조금 서늘한 기운을 유지하는 것도 여름을 나는 좋은 방법이다.

추가적으로 여름에 강한 햇볕으로 인해 나무 덱 및 계단의 뒤틀림 같은 현상이 발생할 수도 있다. 나무 덱이나 계단을 오래 쓰고, 좋은 색의 유지를 위해서는 오일 스테인 작업이 필요하다. 이처럼 아파트가 아닌 주택이기 때문에 계절에 맞게 대처를 해야 효과적인 바닷가 게스트하우스 운영을 할 수 있다.

손님을
지인처럼

게스트하우스를 운영할 때 초기에는 손님들이 오면 새로운 인연이 생기는 것 같아서 즐거웠다. 하지만 1명을 위해서 온 힘을 다해 음식을 준비하고 소통하다 보니, 개인 시간도 없어지면서 몸도 고되고 나름 스트레스가 됐다. 어떻게 해결할 방법이 없을까 고민을 하다가 손님을 예전에 알던 동료나 친구처럼 생각하자고 마음먹었다. 내 음식을 나누고, 우리 집에 재워준다고 생각을 바꾸니 손님들의 행동들도 이해가 됐다. 또 손님들도 내 생각을 이해했는지 이용객이 아닌, 아는 집에 놀러온 것처럼 게스트하우스를 사용해줬다. 내가 편하게 해주고 아낌없이 주면, 손님들도 자연스럽게 그것을 느끼고 시설물을 사용하는 데 조금 더 조심하고, 나도 감정적으로 편해졌다. 상대방에게 베풀면 상대방으로 인해 편해지는 것이 아니고, 내 안에서 편해졌다. 이처럼 손님이 아닌 지인에게 베풀 듯 마음을 쓴다면, 행복한 게스트하우스 생활이 가능할 것이다.

집 앞에서
낚시와 통발

바닷가 게스트하우스의 낭만은 역시 낚시다. 꼬동 게스트하우스도 집에서 낚싯대를 놓고 낚시를 할 수 있을 정도로 바닷가와 가깝다. 바닷가 게스트하우스의 엄청난 메리트이고, 홍보에도 사용할 수 있다. 살아 보면 매일 낚시를 할 수는 없지만, 별다른 일이 없고 기회가 된다면 낚시를 하고, 신선한 자연산 고기를 집 앞에서 구할 수 있다.

처음 방문하는 사람이나 낚시를 좋아하는 사람은 너무나 좋아할 내용이기도 하나, 낚시를 별로 좋아하지 않는 사람은 그다지 와 닿지는 않을 것이다. 어쨌든 나는 낮에는 원투낚시를 통해서 주로 놀래기나 잡고기 위주로 잡았고, 저녁에는 농어, 붕장어 등을 낚아서 그 자리에서 바로 회를 떠주거나 붕장어 구이를 해주면 손님들이 정말 좋아했다. 큰돈 들이지 않고, 자연산 해산물 및 회를 먹을 수 있으니 손님들이 아주 만족했다.

야간 낚시로 잡은 붕장어 구이

통발로 잡은 낙지

　추가적으로 집 앞이 바닷가인 이점을 활용해서 통발을 밤에 넣어 놓고, 아침에 꺼내는 것을 했다. 통발에 깻묵이나 시중에 파는 미끼를 넣고, 밤에 넣어 놓으면 아침에 낙지, 꽃게, 생선, 소라 등 매일 아침이 기다려지는 통발 작업을 할 수가 있다. 손님들도 통발 놓는 방법을 알려주니 매우 좋아했다. 바닷가가 가까운 게스트하우스의 큰 장점 중 하나가 바로 낚시와 통발이다.

통발 준비

통발로 잡은 조과(생선, 게)

피쉬 뱅크(Fish bank)
운영

나는 낚시도 좋아하고, 해루질을 통해서 회나 해산물을 잡는 것을 좋아해 언제든 해산물을 꺼내 먹을 수 있는 개인 바다 수족관을 원했다. 바닷가 게스트하우스를 운영한 이유도 어쩌면 이것 때문이었는지도 모르겠다. 예전에 tvN 〈삼시세끼〉 어촌 편에 나왔던 당장 먹지 않는 물고기를 통발에 보관하는 피쉬 뱅크를 벤치마킹해서 수족관을 피쉬 뱅크로 만들었다.

집 앞에서 낚시로 낚는 고기를 바로 수족관에 집어넣고, 꼬동 게스트하우스를 방문하는 낚시꾼에게 개방함으로써 남는 물고기를 보관하고, 물고기를 인출해가는 시스템을 구축했다. 재미로 한 피쉬 뱅크였는데, 어떤 손님들은 피쉬 뱅크 때문에 게스트하우스를 방문했다고 할 정도로 인기가 많았다. 낚시로 낚는 다양한 고기를 보관하고, 해루질로 나오는 다양한 해산물을 보관해서 손님들에게 서비스로 내어주니 손님들도 만족하고, 이게 입소문을 타고 홍보가 됐다. 수족관을 운영할 수 있다는 부분은 바닷가 게스트하우스의 큰 장점이다. 수족관 관리가 조금 힘들기는 하지만, 피쉬 뱅크를 운영할 수 있는 분은 운영하면, 손님도 만족스럽고 홍보에도 많은 도움이 될 것이다.

피쉬 뱅크 운영법

꼬동 게스트하우스에 있는
피쉬뱅크(수족관) 이용방법 안내입니다

1. **낚시나 해루질로 채집한 생선(활어), 해산물을 채집**
   * 생선은 살아 있어야 하며, 죽은 생선은 활용하지 않습니다(신선하지 않은 생선 포함).

2. **채집한 생선 및 해산물을 게스트하우스 주인장에게 확인한 뒤 포인트를 적립**
   * 생선 및 해산물 종류에 따라 다르게 적립되며 계절, 생선상태, 선호도에 따라 달리 적용됩니다(주인장 마음대로).
   * 포인트 적립은 주인장 확인하에만 적립이 가능합니다.
   * 주인장 확인 없이 수족관에 보관 및 투입은 불가능합니다.

3. **확인된 생선 및 해산물은 수족관에 넣습니다.**

4. **적립된 포인트는 개별로 관리하며, 포인트는 숙박, 수족관 해산물 구매, 일회용품 등 구매 가능합니다.**

정낭을 설치한
대문

　제주도 게스트하우스 같은 느낌을 살리기 위해 대문을 제주도만의 특색 있는 문화인 정낭으로 설치했다. 정낭을 설치함으로써 제주도 느낌을 살리고, 대문 역할도 하면서 인테리어로도 특색 있는 분위기를 내고자 했다. 먼저 디자인 벽돌로 담장을 설치할 때 나무를 걸칠 수 있게 설치했다. 디자인 벽돌로 설치하는 부분의 어려움은 없었으나, 나무를 구하기가 어려웠다. 산에 있는 나무를 쉽게 벨 수 있는 것도 아니고, 5m 크기의 나무를 구했더라도 운반하기에 어려움이 있었다. 한동안 대문 없이 생활하다가 어느 목공소에서 5m 크기의 나무를 재단해준다고 해서 겨우 구할 수 있었다. 나무의 가격은 비싸지 않았으나, 운반비가 나무 가격보다 더 들어서 총 20만 원 정도로 나무를 구할 수 있었다. 포항이지만 제주도 느낌 나는 게스트하우스를 위해 정낭을 설치해서 나무를 놓는 개수로 사람이 있는지, 없는지 확인할 수 있게 했다. 꼬동 게스트하우스 바로 앞은 호미곶 둘레길로 사람들이 많이 오가는 곳이다. 정낭이 포토 존이 되어 지나가시는 분들이 사진을 많이 찍고 가셨다. 실제 블로그를 검색해보면 '호미곶 둘레길 정낭'이라고 검

정낭

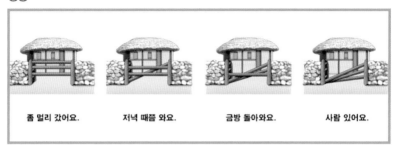

| 좀 멀리 갔어요. | 저녁 때쯤 와요. | 금방 돌아와요. | 사람 있어요. |

출처 : 네이버 지식백과, 두산백과

색하면 나온다.

　정낭은 제주도 전통 가옥에서 대문 역할을 하는 것으로, 대문 위치에 세운 큰 돌 또는 나무(정주석, 정주목) 사이에 걸쳐 놓은 기둥을 말한다. 이 지역의 사람들은 정낭의 모양으로 집주인의 소재를 알 수 있는데, 정낭 3개가 가로로 모두 걸쳐진 것은 '좀 멀리 갔어요', 2개가 걸쳐진 것은 '저녁 때쯤 와요', 1개만 걸쳐진 것은 '금방 돌아와요', 1개도 걸쳐 있지 않은 것은 '사람 있어요'를 의미한다.

실제 설치된 정낭의 모습

제주도 가옥에 일반적인 대문이 없었던 이유는 소나 말 등 방목하는 가축들이 집으로 들어와서 재배하는 곡식이나 채소를 먹지 못하도록 하기 위해서였다고 한다.

바닷가 게스트하우스
건축하기

돈 안 드는
마케팅

소규모 게스트하우스이기 때문에 CI 제작, 홍보 등 마케팅에 많은 돈을 사용할 수는 없었다. 하지만 돈이 들지 않고도 다양한 마케팅 도구를 활용해 홍보를 할 수가 있다.

① 위치 등록(네이버 지도, 다음 지도, 구글 지도 등)
② SNS 마케팅
③ 네이버 블로그
④ 네이버 카페
⑤ 유튜브
⑥ 숙박예약업체 등록(부킹닷컴, 에어비앤비, 여기어때 등)

첫 번째로 꼭 해야 하는 마케팅 방법이며, 이것만 해도 자동으로 홍보가 되어 사람들이 찾아오는 것이 위치 등록이다. 사람들이 가장 많이 사용하는 네이버에 등록을 하기 위해서는 네이버 스마트플레이스에 들어가서 주택의 위치와 함께 가격, 사진, 소개 글을 등록하면, 1주일 이내에 등록이 된다. 네이버뿐만 아니라 다음(카카오) 지도에도 등록하고, 구글에도 등록하면, 사람들이 자주 쓰는 지도 프로그램 3가지에 등록이 되어 홍보가 된 것이다. 별도의 홍보를 하지 않아도 게스트하우스의 주요 고객인 20~30대들은 지도를 검색해 별점 및 후기를 확인하고, 방문을 한다. 운영할 때 손님들에게 물어보면, 대부분 지도 검색을 통해서 방문한 경우가 가

네이버 스마트플레이스(https://smartplace.naver.com)

다음 지도(https://register.search.daum.net)

바닷가 게스트하우스
건축하기

장 많았다. 지도 등록은 별도의 돈이 들지 않기도 하고, 한번 등록으로 꾸준한 홍보가 가능하기에 필수적으로 등록을 하길 바란다.

두 번째로 현재 자신이 사용하고 있는 SNS(인스타그램, 페이스북, 카카오 등)를 활용해 다양한 포스팅을 해서 일상을 공유하고 후기를 올리면 기본적인 홍보가 가능하다. 또한 손님 방문 시 SNS에 올리면 서비스를 제공한다던지 해서 SNS 노출을 높이고, 방문객을 높일 수가 있다. 올리더라도 한 번에 그치지 말고, 반응이 없더라도 꾸준하게 하루 1개씩 포스팅 하는 것이 중요하다. 댓글도 달고, 너무 힘들지 않은 범위 내에서 소통하면 된다.

인스타그램 홍보

세 번째로 네이버 블로그를 해야 한다. 네이버 블로그도 SNS이지만, 네이버는 사람들이 가장 많이 사용하는 포털 사이트며, 블로그 글은 상위에 노출이 되기 때문에 사람들이 방문하기 전에 가장 먼저 보는 곳이다. 초반에 블로그 후기가 없을 때는 주변 지인에게 부탁해서라도 1~3개 정도는 꼭 쓰는 것이 좋다. 나도 처음에는 블로그 포스팅을 1개만 했는데, 블로그에 글을 1개만 올려도, 그것을 보고 오는 사람이 꽤 있었다. 게스트하우스 검색 시 블로그 글은 3개 정도가 노출이 되므로, 개별 블로그 글을 3개 정도는 써서 노출이 될 수 있도록 하는 것이 좋겠다. 블로그 글도 올리는 것도 공짜이니 돈 안 들이고, 쉽게 할 수 있는 홍보 방법이다. 블로그 글을 쓸 때는 사진 1개와 글 3줄 정도가 하나의 분량으로, 여러 개

꼬동 게스트하우스 네이버 블로그(https://blog.naver.com/jisando)

바닷가 게스트하우스
건축하기

의 사진과 글로 이뤄진 것이 노출이 잘되고, 사람들이 보기 좋으니 참고하기 바란다.

네 번째로 네이버 카페를 운영한다. 네이버 카페를 운영하면 손님들이 어떤 경로로 들어오는지 확인할 수 있어서 좋다. 또한 별도의 홈페이지를 운영할 필요 없이 카페를 운영하면서, 홈페이지에서 운영하는 거의 모든 것을 운영비를 하나도 들이지 않고 할 수 있다. 네이버 아이디는 없는 사람이 없어서 편하게 가입도 가능하다. 한번 카페에 가입한 회원이 애착심을 가지고 여러 번 방문할 수도 있고, 주변 사람에게 소개할 수도 있으니 카페를 운영하길 권유한다. 네이버 카페를 운영하기 어려운 분은 하지 않아도 되지만, 시간적 여유가 되시는 분은 운영하면 좋겠다.

꼬동 게스트하우스 네이버 카페(https://cafe.naver.com/tradefish)

다섯 번째로 요즘 인기가 높은 유튜브 방송이다. 유튜브도 별도의 돈이 들지 않는 플랫폼으로, 게스트하우스를 사진과 글이 아닌 시각적인 영상으로 소개할 수 있어서 좋은 홍보 수단이다. 게스트하우스 후기와 게스트하우스 주변 관광지, 게스트하우스의 숙소 현황 등 다양한 영상을 제작하고 등록을 하면, 누구나 유튜브 영상으로 홍보가 가능하다. 하지만 영상 제작에 어려움이 있는 분들이 있을 수 있고, 유튜브 영상 제작이 은근히 시간이 많이 소모되니, 시간이 되는 분에 한해서 제작하길 권한다.

꼬동 게스트하우스 유튜브(www.youtube.com/user/anjuhunting)

여섯 번째로 숙박예약업체에 등록하는 방법이다. 에어비앤비, 부킹닷컴, 여기어때 등 다양한 숙박예약업체가 있으니, 자신에게 맞는 숙박예약업체를 확인하고 등록하길 바란다. 숙박예약업체별로 수수료가 다르니 확인은 필수다.

인터넷
설치하기

　요즘에는 인터넷이 없는 곳이 없기에 인터넷 와이파이를 꼭 설치해야 한다. 하지만 읍면지역과 같은 경우, 많이 사용하는 SK, LG, KT 같은 인터넷이 안 들어오는 지역도 많이 있다. 나도 인터넷 설치가 안 되어 본사에 연락해서 설치를 요청했으나 되지 않아 두 달 정도를 포기하고 있었다. 인터넷 설치 불가 지역이라서 무선 인터넷 설치를 알아봤으나 매달 비용도 많이 나가서 고민하고 있었다. 그런데 시간이 지나고 자세히 알아보니 지역 읍면지역이라도 케이블 인터넷이 들어오는 곳이 있었다. 확인을 해보니 지역 인터넷은 가입이 가능했다. 가끔 이런 지역도 있으니 일반 인터넷이 들어오지 않는 곳이라면, 지역 케이블 인터넷을 확인해보길 바란다.

임대를 통한
수익 창출

　게스트하우스 운영을 해보고 즐거운 점도 많았지만, 건축 도중에 공사중단과 재공사로 인해 자금이 부족하게 되어 중간에 취업을 해 직장을 다니면서 자금을 마련하게 됐다. 직장을 다니는 와중에 시범적으로 게스트하우스를 운영하다 보니 주말만 운영을 한다고 하더라도, 시간과 체력적으로 힘든 적이 몇 번 있었다. 밀린 청소와 빨래가 많은 날이면 운영에 어려움이 많았다. 가끔 손님들과 파티를 즐기다가 새벽까지 노는 날이면, 체력적으로 무척 힘들었다.

　소규모 게스트하우스라서 적은 자본으로 게스트하우스를 운영하고자 하는 분들도 많기에 임대를 놓는 것도 하나의 방법이다. 내 경우에도 임대를 내놓으니 2달 이내에 하고자 하는 분들이 몇 명이 나타났으나, 가격적인 면에서 맞지 않아 계약을 하지 않았다. 그러다가 3달째에 원하는 보증금과 임대료를 받고, 임대를 주었다. 직장을 다니면서 병행해 운영하기 힘들다면 좋은 임대수익모델로 바닷가 게스트하우스를 운영할 수 있다.

　나는 29평 바닷가 게스트하우스로 보증금 2,000만 원에 월세

100만 원을 받고 있다. 어찌 보면 작은 금액이지만, 지방 소규모 상가도 4~5억 원 하는데, 토지와 건물까지 해서 2~3억 원 이내로 땅과 건물을 건축해 이 정도 보증금과 월세면 나쁘지 않다. 1가구 1주택으로 매매를 한다면 2년 뒤 양도세 면제를 통해 양도 차익까지 노려볼 수도 있다.

바닷가
게스트하우스
건축하기

Chapter

08

더 나은
바닷가 게스트하우스

임대 보증금을 활용한 바닷가 토지 구매

꼬동 게스트하우스 임대를 놓게 되면서 생긴 보증금 2,000만 원을 어떤 식으로 활용할까 고민을 하게 됐다. 먼저 저축해서 이자를 받기에는 금리가 너무 낮아서 푼돈 정도밖에 나오지 않고, 빌라를 사서 투자하기에도 부족한 금액으로 느껴졌다. 주택을 사지 못하는 이유로는 1가구 1주택 양도세 혜택과도 연관되어 있기 때문에 주택을 살 수도 없었다. 지난번 바닷가 토지를 구매하면서부터 건축할 때까지 보완하고 싶었던 점을 보완해보고자 바닷가 토지 구매부터 건축까지 다시 한 번 해보기로 마음먹고, 바닷가 토지를 살펴보기로 결정했다.

이번에 바닷가 토지를 살펴볼 때는 몇 가지 기준을 갖고 살펴봤다. 첫 번째로 5,000만 원 이하의 토지를 구매하기로 했다. 바닷가 토지의 시세가 많이 올라서 5,000만 원 이하의 토지는 거의 없었지만, 지속적으로 찾아보면 있을 것이라는 확신이 있었다. 두 번째로 가까운 곳에 민가는 없으나 민가랑 많이 멀지 않은 곳에 있는 토지를 찾기로 결정했다. 민가가 너무 가까우면 간섭이 심하고 민원이 발생할 수 있기에 피했고, 너무 거리가 멀면 상하수도 및 전기 시설이 없기에 추가비용이 발생할 수 있어서 선택하지 않았다. 세 번째로 바닷가와 최대한 가깝지만, 위험하지 않은 곳을 찾아봤다. 바닷가와 너무 가까우면 해일, 파도의 위험이 있고, 너무 멀면 바닷가 접근성이 떨어지기에 이러한 부분의 접점을 찾고, 최대한 가격에 맞추어 구매하기로 했다.

짓고 싶고, 생각하는 것을 구현하는 것도 좋지만, 최고의 가성비가 우선시되어야 한다. 그래야 판매하고자 할 때 빠르게 정리하고, 다른 것을 할 수 있기에 금액이 우선 중요하다. 토지를 5,000만 원 이내로 구입해야 건축비용까지 포함해서 총 비용 2억 원 내외로 하는 것이 가능하기 때문이다. 위치, 주변환경, 관광지 등 여러 가지가 중요하지만, 자금이 가장 중요하기 때문에 필수적으로 고려한 부분이다.

5,000만 원 이하의
바닷가 토지 찾기

　몇 년 동안 바닷가 토지 매물을 보고, 실거래가를 봐왔기에 바닷가 토지의 시세를 잘 알고 있었다. 5,000만 원 이하의 바닷가 토지 매물을 보기 위해 매일 블로그, 디디하우스, 교차로, 네이버 등 매물을 살펴봤다. 예전이 비해서 5,000만 원 이하의 바닷가 매물은 정말 자주 나오지 않았다. 바쁠 것 없기에 꾸준하게 매물을 살펴보고 있던 어느 날 디디하우스에 100평 이하의 토지에 5,000만 원 이하의 매물이 올라왔다. 장소도 내가 처음 토지를 구매한 곳과 가까운 호미곶 인근 관광지 토지였다.

디디하우스에 나온 토지 매물

디디하우스는 앞서도 말했듯, 포항의 토지와 아파트 등 다양한 부동산 매물이 나와 있는 사이트다. 지역을 선택하고, 면적, 가격을 골라서 볼 수 있어 편리하다. 당장 공인중개사에게 전화를 걸어서 지번을 알려줄 수 있는지 정중하게 문의하니, 사무실에 복귀하면 알려주겠다고 말씀해주셨다. 몇 일 기다리니 문자로 지번이 왔다. 지번을 알려주시는 대로 네이버 지도를 검색해 위치를 파악했다.

네이버 지도(호미곶 면)

지도를 보고 토지의 대략적인 위치를 파악한 뒤 거리 뷰를 통해 토지의 현재 상태와 주변상황을 온라인으로 확인했다.

네이버 지도 거리 뷰(호미곶 면)

　거리 뷰를 자세히 보니 현황도로가 있지만, 폭이 좁은 2m 도로였다. 토지의 절반 이상이 도로를 물고 있고, 읍면지역이다 보니 도로로 인해 건축이 불가능해 보이지는 않았다. 4m 도로여야 건축이 가능하지만, 읍면지역은 건축선을 1m 후퇴해 건축을 허가해주기도 한다. 만일 현황도로라도 사도(私道, 개인이 소유한 도로)일 가능성이 있기에 도로 지번으로 검색해봤다.

　토지이용규제정보서비스를 통해 검색해보니 지목이 도로로 되어 있는 것을 확인했다. 국가 땅인지, 사도인지는 인터넷등기소에 들어가서 검색해보면 소유자에 *로 표시되어 있는데, 직접 떼어 보지 않아도 국가 땅임을 알 수 있다.

토지이용규제정보서비스

인터넷등기소

바닷가 게스트하우스
건축하기

도로를 확인했으니 구매하고자 하는 토지를 토지이용규제정보
서비스에 검색을 해보니 계획관리지역으로 되어 건폐율 40%에 용
적률 100%로 건물을 넉넉하게 지을 수 있었다.

토지이용규제정보서비스

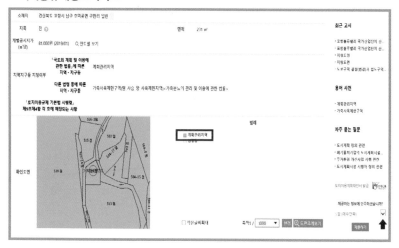

온라인으로 확인해봤을 때 위치와 건축 여부가 별 문제가 없었
기에 현장조사(임장)를 통해 최종 결정하기로 마음먹었다.

바닷가 토지
현장조사(임장)

　공인중개사에게 받은 지번으로 내비게이션을 검색해 현장으로 조사를 갔다. 요즘에는 인터넷 검색과 스마트폰으로 현장의 정보 대부분을 검색할 수 있지만, 현장에서 느낄 수 있는 토지 분위기나 주변의 상황은 가보지 않으면 알 수 없다. 일단 현장을 한 번 보고, 토지 분위기를 살폈다. 거리 뷰에서 봤던 것 같이 바다 뷰가 보이지만 바다와는 거리가 조금 있어 보였다. 땅도 조금 꺼져 있어 성토가 필요해 보였으며, 현장에는 마늘이 심어져 있었다. 땅모양이 직사각형으로 나쁘지 않았기에 성토 비용은 감수해도 초기 비용이 저렴해 괜찮을 것 같았다.

　현장에 간 김에 토지로 갈 수 있는 여러 갈래 길로 다녀봤다. 바다 쪽에서 올라오는 길은 괜찮았으나, 마을에서 내려가는 길은 차로는 조금 위험해 보였다. 손님과 같은 기분으로 여러 갈래 길로 다 다녀보면서 토지를 정확하게 분석했다. 현장에서 바다까지 걸어서 다녀보니 약 2~3분 정도 걸렸다. 걸으면서 토지 분위기와 도로 상태, 주변 지형지물을 파악했다. 현장에서 바다까지 걸어보고 바닷가 해안 길도 한 번 걸어보면서 바닷가 느낌을 느껴보니 나쁘

바닷가 게스트하우스
건축하기

토지 현장조사 시 사진

지 않았다. 호미곶까지 차를 타고 이동해보니 차로는 약 7~8분, 걸어서는 30분 이상 소요될 것으로 보였다. 호미곶에 있는 포장마차까지의 거리도 따져봤다. 게스트하우스 손님들이 포장마차도 한 번씩 다녀올 것을 생각해보니 좋을 것 같았다. 차의 이동경로와 도보를 통한 바다 이용거리 등이 나쁘지 않아 토지 구매를 결심했다.

토지 가격
협상

토지 구매를 결심하고, 공인중개사에게 연락하기 전에 매물의 가격을 분석해보기로 했다. 현재 해당 매물로 나와 있는 가격은 70평에 4,900만 원이었다. 평당 70만 원이다. 소형 토지일수록 가격이 비싸지만, 조금 비싼 감이 있었다. 주변의 시세를 파악하기 위해 국토교통부 실거래가 공개시스템과 밸류맵을 검색해봤다.

국토교통부 실거래가 공개시스템

바닷가 게스트하우스
건축하기

밸류맵

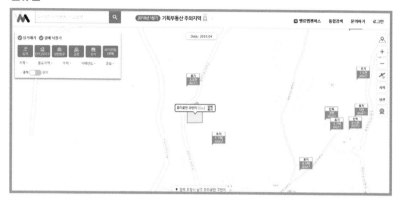

   2가지 사이트를 통해서 주변의 대략적인 시세를 파악했다. 바다와 가까운 토지는 100~150만 원 정도, 바다와 떨어진 곳은 30~80만 원 정도에 시세가 분포하고 있는 것을 알 수 있었다. 지목도 전이라 농지전용비용이 추가되기에 평당 70만 원의 가격은 소형 토지치고는 조금 비싸다고 할 수 있었다. 가진 돈도 2,000만 원밖에 없었기에 협상을 해야겠다고 생각했다. 건축을 위해서는 상수도관이 가까이 있어야 하기에 포항시맑은물사업소에 문의하니 가장 가까운 상수도관이 90m 정도 떨어져 있어 건축을 위해서는 상수도관을 묻는 공사를 해야 한다는 것을 확인했다. 상수도관을 묻는 금액은 대략 m당 7만 원이고, 종합해보면 630만 원 정도의 비용이 드는 것을 확인할 수 있었다. 상수도 비용 630만 원과 농지전용비용 약 500만 원이 들기에 토지 가격은 약 6,000만 원이었다(4,900만 원+630만 원+500만 원=6,030만 원). 초기 자본은 4,900만 원이지만, 대지가 아니라 전이기 때문에 건축을 하기 위해서 드는 비용을 포함하면 6,000만 원이 드는 것이다.

그래서 공인중개사에게 안 되면 말고 하는 생각으로, 농지전용 비용이 드는 지목이며 상수도 관로가 멀리 있기에 추가공사비가 들어가니 4,000만 원에 협상하자고 얘기를 했다. 공인중개사에게 검토해보겠다는 얘기를 들었고, 하루 뒤 계약하자는 말을 들었다.

계약을 하고, 판매자가 양도세 때문에 2달 뒤에 잔금을 처리하자는 말을 듣고 그렇게 하기로 결정했다. 나중에 보니 조금 더 협상을 해서 200만 원이나 최대 500만 원까지는 협상이 가능했을 텐데, 어쨌든 계약을 하고 토지를 구매하기로 결정하게 됐다.

건축 이전까지
토지 활용 방법(미나리밭)

토지를 계약하고 잔금일까지 2달 남았지만, 농지이기에 건축 전까지 토지를 활용하는 방법에 대해 구상을 위해서 현장을 몇 번 더 찾아갔다. 농지는 농지로 활용하지 않으면, 별도로 벌금이 나오는 경우도 있기 때문에 경작을 해야 한다. 현재 마늘이 심어져 있었지만, 토지를 자세히 보니 토지 중간중간에 물이 많이 지나다녔다. 고민을 해보고 몇 번 더 현장을 가봤을 때 도로에 희미하게 미나리 채취 금지라고 적힌 글씨를 봤다. 물이 많으면 미나리 재배가 가능한 것이다. 건축하기 전까지 미나리 밭으로 사용하면 좋을 것 같았다. 전 주인의 마늘이 재배 완료되고 나면, 미나리밭으로 건강도 챙기고, 토지를 활용할 계획을 세웠다.

미나리밭

최종
계약(농취증과 등기)

이번에 매매하는 토지는 전이기에 농취증이 필요했다. 농취증은 계약서와 도장, 신분증을 들고 호미곶면사무소에 들러 농취증신고서를 작성하니, 5일후 농취증이 발급됐다고 연락이 왔다. 농취증과 함께 매매금액 4,000만 원 중 계약금 400만 원을 제외한 나머지 3,600만 원의 최종계약금을 전달했다. 법무사에게 대

호미곶 등기권리증

행해 등기이전접수와 취득세 비용 약 200만 원가량을 전달했다. 일주일 뒤 최종 등기권리증을 받게 되어 세 번째 바닷가 토지 구매를 최종 완료했다.

썬룸과 어닝,
바닥 에폭시 시공

　지난번 건축 시 공용주방을 모듈러주택으로 건축해서 아담하고 좋았지만, 협소한 느낌이 있었다. 새로 건축할 때는 공용공간을 모듈러주택으로 건축하지 않고, 모듈러주택의 중간 빈 공간을 활용해 바닥을 에폭시(Epoxy)로 시공하고, 천장을 개방감 있게 썬룸(Sunroom)이나 어닝(Awning)으로 시공해 최소한의 비용으로 최대한의 공간을 건축해 운영하려고 계획을 세웠다.

정면

썬룸

위에서 볼 때

썬룸

　썬룸이란 비바람을 피할 수 있는 철골골격과 유리로 이뤄진 구조물로, 천장이 있기에 허가를 받아서 건축해야 되는 건축물이다.

중앙 공용공간을 썬룸으로 시공하면 낮에는 햇볕이 들어오고, 밤에는 별빛이 들어와서 넓고 사람들이 소통할 수 있는 공간으로 꾸밀 수 있다. 썬룸은 유리로 된 구조물로 단열이 안 되어 겨울에는 난방을 하거나, 안 되면 불을 피우면 되지만, 여름에는 너무 더울 수 있으니 개방감 있게 앞뒤로 문을 많이 내어 바람이 통할 수 있도록 하고, 천장에는 암막 커튼을 설치하면 된다.

썬룸

어닝이란 햇볕과 비를 피할 수 있는 천장형 시스템으로 예전에는 간단하게 천으로 구성됐다면, 요즘에는 천막과 함께 전등도 같이 나오는 업그레이드 어닝이 많이 나와 있었다. 어닝은 접었다, 폈다가 되는 구조이고, 편리하게 햇볕을 가릴 수 있으며, 분위기 있는 공간을 연출하는 데 도움이 된다. 접었다, 폈다 하는 관계로

어닝

어닝의 크기가 토지 내에 위치한다면, 별도의 허가절차 없이 설치가 가능하다.

바닥은 노출콘크리트 면을 에폭시로 시공해 카페 느낌을 살리고, 물청소가 가능하도록 구성했다. 별도의 타일공사보다 빈티지 분위기 연출이 가능하고, 비용 면에서나 인테리어적인 면에서도 좋기에 바닥은 에폭시 시공으로 결정했다.

에폭시 시공

방 공간을 불편하지 않게 최소화하기

　게스트하우스를 운영해보니 방은 잠만 자면 되는 공간으로, 그리 크지 않아도 되기에 방의 크기는 불편함이 없을 정도로만 구성하면, 3m×5m 정도의 공간만 활용해도 가능할 것 같았다. 이 공간에 화장실 1개와 2층 침대 2개를 놓으면, 4명이 자는 데 불편함 없이 잘 수 있기에, 방을 최소한으로 축소해 건축비를 절감하고자 한다. 방당 1평씩 줄어들기에 평당 400만 원이라고 가정했을 때, 방 4개면 1,600만 원의 비용을 줄일 수 있는 것이다. 줄일 수 있는 부분은 과감하게 줄이고, 편의를 더하는 부분은 더해서 최소한의 자금으로 최적의 소규모 게스트하우스를 만들기로 했다.

방 공간 축소(3m×6m → 3m×5m)

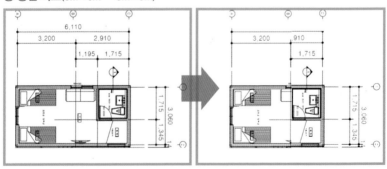

스크린과
빔프로젝트

지난번 주택 건축 시 공동주방이 좁아서 스크린과 빔프로젝트를 설치할 공간과 장소가 나오지 않았다. 하지만 중앙에 썬룸으로 구성하면 층고가 4m 이상 되기에 스크린과 빔프로젝트 설치가 가능하다. 게스트하우스 손님과 다 같이 밤에 영화나 스포츠경기를 시청할 수 있는 대형 스크린과 빔프로젝트를 설치한다면, 게스트하우스의 또 다른 분위기 연출이 가능할 것으로 본다.

스크린과 빔프로젝트

바닷가
게스트하우스
건축하기

Chapter

09

질의응답 :
바닷가 게스트하우스의
모든 것

Q | 도대체 얼마에 건축이 가능한가?

A | 30평 이하 바닷가 게스트하우스 건축을 위해 바닷가 토지 5,000만 원을 잡고, 주택비용 1억 원, 부대비용 5,000만 원을 잡으면 2억 원 내외면 바닷가 게스트하우스 건축이 가능하다. 하지만 바닷가 토지 구입부터 무수한 변수가 많고, 조금 더 좋은 위치, 좋은 뷰, 편의 시설 등에 따라 변동이 많다. 주택비용도 1억 원부터 단열을 강화하거나, 외장재로 좋은 자재를 쓰거나 하는 등 다양한 변수로 인해 더 많은 비용이 들어갈 수 있고, 줄어들 수도 있다. 부대비용도 세금, 토목공사비용, 성토비용, 민원해결비용, 전기 공사, 상수도 공사, 담장 등 다양하게 발생되므로, 최소 건축비의 50% 정도는 잡아야 한다.

많은 변수들이 있지만 욕심을 많이 내지 않는다면, 2억 원 정도면 30평 내외의 2층 바닷가 게스트하우스를 건축할 수 있다. 그리고 최적의 가성비를 찾아서 2억 원 이내로 건축해야 한다. 최소 비용으로 건축이 되어야 변수에 대응할 수 있다. 만약 건축비로 3억 원이 사용됐다면 2억 5,000만 원으로 판매하지는 않을 것이다. 하지만 2억 원으로 건축했다면 2억 2,000만 원에 판매해도 손해 볼 것이 없다. 간단하지만 나중에 매매할 때가 되어 보면, 금액이 적은 건축물의 차이를 느끼게 될 것이다.

Q 부대비용은 얼마나 들까?

A 부대비용은 건축비용의 절반 정도를 잡으면 적당하다. 만약 2억 원의 주택건축비용이 발생한다면, 1억 원 정도의 부대비용을 잡아야 한다. 부대비용은 토지비용과 건축비용을 뺀 나머지라고 보고, 그 내역도 다양하다. 먼저 토지를 구입할 때 드는 취득세비용, 공인중개사 수수료, 등기대행을 해주는 법무사 대행료가 있고, 수수료는 개인이 직접 한다면 비용을 줄일 수 있으나 전문가에게 맡기는 것을 추천한다.

건축하기 전에 드는 설계비용, 건축허가비용, 경계측량비용, 상수도비용, 임시전기 설치비용, 정화조비용, 토지의 형질변경이 필요하다면 성토, 복토비용 등이 필요하다. 건축 이후에는 조경비용, 담장비용, 인테리어비용, 집기류비용, 취득세비용 등이 있어야 한다. 부대비용의 종류도 다양하고, 자금을 좀 넉넉히 잡아야 급하게 돈이 필요할 때 당황하지 않고 처리가 가능하다.

Q | 평당 얼마면 시공이 가능한가?

A | 평당 얼마는 사실 중요하지 않다. 건축 범위나 건축 자재의 질에 따라 평당 단가는 천차만별이기 때문에 어떤 식으로 건축하느냐에 따라 달라진다. 모듈러주택(이동식주택)은 평당 300~400만 원 정도면 건축이 가능하다. 건축 지식을 쌓고, 자재 대비 평당 단가가 적정하게 산정됐는지 판단할 수 있는 눈이 필요하다.

Q | 건축하는 데 어느 정도의 기간이 걸리나?

A | 건축하는 데 최소한으로 잡으면, 건축허가 받는 데 1달, 건축하는 데 2달 정도를 잡으면 3달이면 거주가 가능한 주택 건축이 가능하다. 하지만 여러 변수가 있기에 변수를 가정하더라도 넉넉히 6개월이면, 대부분 건축이 가능하리라 예상된다. 건물 평수에 따라 건축 기간이 달라지지만, 30평 건물을 가정할 때 그렇다. 하지만 앞서 말했듯 나는 주택 건축을 하루 만에 했으면서도, 말도 안 되는 변수로 인해 1년가량 시간이 소요되기도 했다. 나와 같은 특이사항이 없다면, 대부분 6개월 이내면 건축하고, 기본 조경까지 가능하다.

Q | 진짜 하루에 건축하는 것이 가능한가?

A | 가능하다. 기초기반공사가 끝났다는 가정하에 아무것 도 없던 공간에 덩그러니 집이 세워진다. 모듈러주택 으로 공장에서 집을 찍어내고 이동해 기초기반 위에 하루 만에 올 려놓는다면, 하루 만에 거주가 가능한 주택으로 건축이 가능하다. 이를 위해서는 정확한 재단 위에 기초기반공사가 잘되어 있어야 하고, 주택을 놓는 기중기, 대형차량 운전자가 실력이 있으며, 믿 음직한 업체와 거래를 해야 한다. 신중하게 신뢰 가는 업체를 잘 선정하길 바란다. 믿음직한 업체와 거래를 하면, 건축에 대한 스트 레스가 많이 줄어든다.

Q | 포항에서만 바닷가 토지를 5,000만 원에 구매 가능한 것 아닌가?

A | 미세먼지와 함께 바닷가 힐링을 위해 바닷가 토지를 찾 는 사람들이 많아져서 바닷가 토지 시세가 갈수록 올라 가고 있다. 포항만 하더라도 5년 전에는 5,000만 원으로 바닷가와 가까운 토지를 꽤 많이 구할 수 있었지만, 갈수록 좋은 토지를 구하 기 어려워지고 있다. 나는 남해와 제주도, 강원도 부근에도 게스트 하우스 건축을 위해서 토지를 찾아봤다. 제주도는 외지인이 많이

늘어서 5,000만 원으로 토지를 구하기에는 어려움이 있었다. 제주도의 경우 게스트하우스는 포화상태로 특색 있는 게스트하우스를 운영하기에도 어려움이 있어 보인다. 그래서 자금에 여유가 있는 분을 제외하고, 제주도는 과감히 찾아보지 않기를 추천한다.

전라도 부근 바닷가 토지는 2,000만 원 이내로도 좋은 토지를 구할 수 있는 것이 많았다. 남해와 강원도, 동해 쪽으로도 예전에는 5,000만 원 이하 토지도 보였는데 많이 줄어든 상태다. 하지만 잘 찾아보면 아직도 5,000만 원 내외의 좋은 토지가 간혹 나오고, 급매로 나오는 좋은 토지가 있다. 먼저 자금을 마련하고, 자신이 원하는 지역을 주의 깊게 지속적으로 지켜본다면, 5,000만 원이 아니라 더 적은 금액으로도 좋은 토지를 찾을 수 있을 것이라 확신한다. 나도 5년 전, 3,500만 원에 바닷가 토지를 사면서 앞으로 5,000만 원짜리 토지는 없을 것이라고 생각했지만, 불과 한 달 전에 4,000만 원으로 호미곶 관광지 토지를 구입했다.

Q | 바닷가 토지의 시세동향은 어떠한가?

A | 현재 부동산 경기는 주춤하지만, 토지 시장만큼은 활발하게 투자가 이뤄지고 있다. 몇몇 통계자료를 보면 알 수가 있다. 그중에서도 바닷가 토지는 품귀현상이 일어나고 있을 정도로 매물이 사라지고 있다. 중국발 미세먼지로 인해 미세먼

지에 영향이 없는 동해안이나 제주도로 사람들이 많이 이동을 하고 있다. 일상생활에서 벗어나 힐링을 원하는 사람들도 바닷가로 향하고 있다.

해양스포츠의 발달로 서핑, 요트, 스쿠버, 프리다이빙 등 해양스포츠 인구가 증가한 것도 한몫하고 있다. 이처럼 수요는 많은데 공급이 적으니, 갈수록 바닷가 토지의 가격은 상승하고 있는 실정이다. 몇 년 전만 해도 바닷가 토지는 위치에 따라 다르지만, 평당 100만 원 정도면 좋은 위치에 적당한 평수의 토지를 구할 수 있었다. 하지만 갈수록 매물이 사라지고, 주택을 지을 수 있는 바닷가 소형 토지는 거의 씨가 말랐다. 이런 바닷가 토지를 확보하려면 꾸준하게 바닷가 토지 매물을 찾고, 시세가 오르기 전에 먼저 구매를 해둬야 한다.

Q 토지에 건축이 가능한 것을 어떻게 알아보나?

A 건축허가나 신고에 있어 가장 중요한 것은 도로의 유무다. 도로는 보행과 자동차 통행이 가능한 너비 4m 이상의 도로로, 건축허가 시 시장·군수·구청장 등이 위치를 지정한 현황도로여야 한다. 비도시지역으로 읍면지역은 2m 도로라도 건축허가나 신고가 가능하기도 하다. 이런 부분을 명확히 알거나 모른다고 하더라도, 가장 중요한 것은 전문가에게 물어보는 것이 가

장 현명하다. 건축사무소나 설계사무소에 문의하고, 해당 관청 공무원에게 물어보는 것이 가장 정확하다. 토지에 대해 지식이 없더라도 전문가에게 물어보고 단계를 밟아간다면, 아무런 문제가 되지 않는다. 토지이용규제정보 사이트에서도 확인이 가능하지만, 전문가에게 물어보는 것이 가장 좋으므로 전문가에게 상담 후 토지를 구매하길 바란다.

Q | 꼭 바닷가 토지여야 할까?

A 바닷가 토지의 여러 이점과 관광적인 측면으로 바닷가를 추천했다. 경관이 수려한 계곡이나 산, 관광지 인근도 토지 찾기부터 건축하기 적용이 가능하다. 하지만 바닷가의 다양한 이점과 사람들이 많이 찾는 점, 매매의 편의를 고려해 바닷가 토지를 추천했다. 바닷가에 주택을 지을 수 있는 토지는 한정적인데, 수요가 많으니 공급이 부족해서 갈수록 시세가 오르고 있는 상황이다. 이러한 이유로 바닷가 토지를 추천해드렸으나, 개인 기호에 맞게 좋은 위치를 선정해 게스트하우스를 건축해도 무방하다.

Q 토지만 구입하고,
나중에 건축해도 되나?

A
가능하다. 토지만 구입해도 언제든지 건축이 가능하기에 준비의 50% 이상은 마친 상태라고 보면 된다. 좋은 토지를 좋은 가격에 구입했다는 전제하에 토지 가격은 지속적으로 상승하고, 바닷가 토지의 품귀현상이 지속되고 있으므로 시세차익까지 노려볼 수 있다. 토지를 구입한 것으로 시세차익을 노려볼 수 있고, 나중에 건축으로 인한 매도차익까지 가져갈 수 있으니 좋은 토지를 좋은 가격에 사는 것에 집중하길 권한다.

Q 어떤 방식으로 좋은 토지와
좋은 가격에 구입할 수 있나?

A
좋은 토지라는 것은 일반적으로 바다 뷰가 좋고, 안전하며, 주변의 방해가 없고, 관광지가 있는 곳을 말한다. 하지만 개인마다 선호하는 장점이 다르고, 보유하고 있는 자금이 다르기에 딱 잘라서 '좋은 토지가 무엇이다'라고 단정 지을 수는 없다. 하지만 토지의 가격은 5,000만 원이 마지노선이라고 생각한다. 여유가 있는 분은 정말 좋은 위치라면 비싼 가격을 주고 사는 것을 권한다. 하지만 5,000만 원 정도의 금액과 주택까지 포함해서 2억 원 내외의 비용을 들여서 가성비 있는 게스트하우스 건축을 해서 향후 불가피한 상황 발생 시 매도까지 고려해보면 좋겠다.

Q | 농어촌지역이 아닌 도시지역에 건축하면 안 되나?

A 도시지역에 건축해도 된다. 하지만 도시지역은 외국인 대상 도시민박업과 숙박업으로 신고를 해야 해서 농어촌 민박보다 조금 더 까다롭게 허가를 받아야 운영이 가능하다. 이는 가능하지만, 추가비용과 운영에 애로사항이 발생할 수 있다는 것을 뜻한다. 가성비 있는 주택을 건축하고, 민박 허가를 손쉽게 받아서 운영하려면, 농어촌지역에 건축하길 추천한다.

Q | 100평 이하의 작은 땅을 사려고 하는데, 작은 땅이 없다

A 작은 땅을 사려는 사람은 많은데, 이런 수요에 비해 공급이 많지 않은 것이 사실이다. 간혹 나와 있는 작은 땅은 가격이 비싸거나 문제가 있는 땅이 많다. 작은 땅을 사기 위해서는 지속적으로 찾아보는 방법밖에 별다른 방법이 없다. 공인중

개사분들에게 부탁해서 이런 땅을 찾아달라고 하는 방법이 좋다.

작은 땅을 적극적으로 구매하길 원하는 분은 '분필(分筆)'이라는 방법으로 작은 땅을 구매할 수 있다. 분필이란 땅을 잘라서 판매하는 것을 말한다. 주변의 아는 사람과 큰 땅을 잘라 나눠서 구매가 가능하다. 아니면 땅을 판매하는 분에게 땅을 몇 평만 잘라서 판매가 가능한지 문의하는 방법이 있다. 토지에 대해 지식이 없거나 이해가 어려운 분들은 작은 땅이 나오기까지 기다리면 되고, 적극적으로 작은 땅을 구하는 분은 분필을 하면 된다. 토지 분필에 대해 지식이 없는 분은 공인중개사나 전문가에게 맡기는 것을 추천한다.

Q 토지를 직접 가보기 어려운데 온라인으로 구매해도 되나?

A 요즘 온라인으로 토지의 대부분이 확인 가능하다. 먼저 포털 사이트의 지도 검색을 열고, 토지 모양을 확인한 뒤 거리 뷰를 통해 주변과 지형지물을 살필 수 있다. 토지이용규제서비스를 검색해 해당 토지에 건폐율/용적률을 확인해서 건물을 몇 평까지 건축 가능한지도 파악이 가능하다. 하지만 토지를 구입할 때 드는 비용은 한두 푼이 드는 것이 아니기에 직접 가보고 토지를 확인하는 것을 추천한다. 아무리 온라인이 좋아졌다고 해도 현장에서 직접 보는 것과는 차이가 있다.

Q | 모듈러주택(이동식주택) 말고, 다른 주택으로 건축해도 되나?

A 반드시 모듈러주택(이동식주택)을 할 필요는 없다. 자신이 가장 잘 알고 믿을 수 있는 업체가 있다면, 그 업체와 함께 건축을 하면 된다. 이동식주택을 선택한 것은 건축에 대한 스트레스를 줄이고, 건축 기간, 비용을 줄이기 위함이다. 목조주택과 철근콘크리트주택 등 자신에게 맞는 주택 형태를 선택하고, 믿을 수 있는 업체와 건축을 진행한다면 어떤 업체와 건축을 해도 상관이 없다.

Q | 모듈러주택(이동식주택)은 단열이나 내구성이 떨어지지는 않나?

A 이동식주택에 살아본 결과, 단열과 내구성이 떨어지지는 않았다. 오히려 단열이 너무 잘되어 습기가 빠지지 않는 부분이 있을 정도였다. 공장에서 동일한 규격으로 맞춤형 주택을 만들기에 하자가 많지 않다. 하지만 이러한 이동식주택도 좋은 업체와 질 나쁜 업체가 있기에 업체와 많은 상담을 하고, 공장을 직접 보고 좋은 업체를 선정하길 바란다.

Q | 바닷가 게스트하우스를 운영하다 보니 힘들고, 도시로 가고 싶다

A 사실 살다 보면 도시의 편리함과 문화적 혜택을 받지 못하다 보니 스트레스를 받아서 다시 도시로 가고 싶어질 때가 있다. 살다 보면 생각만큼 시골 인심이 좋지 못하고, 게스트하우스 운영도 삶의 패턴이 맞지 않아 힘들 수 있다. 이처럼 살다 보면 마음이 바뀔 수 있기에 이를 위해서 최적의 가성비로 게스트하우스 건축을 해야 한다. 2억 원 정도의 비용이면 숙박업을 한번 해보고자 하는 분들이라면 도전할 수 있는 금액이다. 매매하기가 쉽고, 매매가 되지 않는다면 보증금을 받고, 월세를 받는 임대수익도 얻을 수 있기 때문이다. 많다면 많고, 적다면 적을 수 있는 2억 원이라는 금액이지만, 토지와 건축의 금액을 최소화해야 바닷가 게스트하우스에 싫증이 생겼을 때 매매하기가 쉽다.

Q | 토지에 건축 신고를 하고 나중에 건축해도 되나?

A 그렇다. 1년까지는 착공을 하지 않아도 된다. 건축을 하기 어려운 사정이 생겼을 때는 공무원에게 상담하면, 1년 정도 연장이 가능하다. 하지만 실제 다 준비된 상태에서 건

축 신고를 하고 건축을 진행하는 것이 좋다. 부득이한 사정이 생겼을 때를 대비해 착공 및 연장이 가능하니 참고 바란다.

Q 돈 없이 건축이 가능한가?

A 서울이나 대도시는 토지 가격이 건축물 가격의 대부분을 차지하기 때문에 토지 담보 대출을 통해서 돈 없이 토지만 있어도 건축이 가능한 사례가 많다. 이외에도 PF(Project Financing) 대출이라는 방식을 활용해 건축 이전에 건물이 지어질 것으로 보고, 대출을 해주는 방식도 있다. 하지만 바닷가 게스트하우스는 게스트하우스 운영의 목적도 있지만, 삶을 조금 여유 있게 살고자 하는 부분이 많이 있기에 자본 없이 대출로 건축하는 방식은 지양한다. 대출을 통해 이자를 내고 운영을 한다면, 삶의 여유가 없고 압박 때문에 힐링하는 삶을 살기가 어려워진다. 손님이 많든, 많지 않든, 여유 있는 게스트하우스 운영을 위해서는 어느 정도의 자금을 모으고, 최적의 가성비로 건축하길 권한다.

Q | 건축 중이나 건축 이후 게스트하우스를 운영할 때 민원이 생겼을 때는 어떻게 대처하나?

A 건축 중이나 건축 이후 발생하는 민원들의 대부분은 돈으로 해결이 가능하다. 하지만 가끔 감정이나 시간이 필요한 경우가 있다. 민원이라는 것이 주변 사람들의 신고로 이뤄지기에 주변 사람들과 관계를 돈독히 해놓을 필요가 있다. 단순하지만 인사 잘하고, 음식을 나눠 먹으며, 주변에 베풀면 언젠가는 도움이 된다. 하지만 내가 이런 식으로 한다고 해도 가끔은 상식선에서 맞지 않고, 누가 봤을 때도 상대방의 잘못이라면 역으로 민원을 내면 된다.

Q | 바닷가에서 낚시나 수렵채집을 가성비로 하는 방법이 있을까?

A 우리나라에는 700만 명의 낚시인구가 있다고 할 만큼 정말 많은 사람들이 낚시를 즐기고 있다. 처음 낚시를 한다면 장비구입부터 세팅까지 진입장벽이 있다. 쉽고 가성비 있게 낚시를 하고자 한다면 이렇게 해보길 제안한다. 원투 낚싯대를 인터넷에서 2~3만 원 정도에 구입하면 장비는 끝이다. 낚싯대가 준비됐다면 근처 낚시 방에서 19호짜리 묶음 추 한 묶음을 사고,

지렁이를 사면 기본적인 낚시할 준비가 완료된다. 원투 낚시로 감성돔, 놀래기, 게르치, 장어, 농어 등 다양한 어종을 노려볼 수 있고, 쉽게 낚시를 즐길 수 있다. 이것이 최적의 가성비로 낚시를 즐기기 위한 방법이라고 생각한다. 추가적으로 통발을 5,000원에 사서 꽁치나 고등어를 미끼로 사용해 바닷속에 10시간가량 둔다면 통발 낚시를 할 수 있다. 이 모든 것이 5만 원 이내로 모두 가능하다. 최적의 가성비로 낚시나 통발을 준비해서 맛있는 해산물 및 회를 먹는 경험을 해보길 바란다.

Q | 좋은 건축업체를 고르는 팁이 있나?

A | 좋은 건축업체를 고르는 팁은 얼마나 많은 건축사례가 있었는지, 하자가 없이 시공을 했는지, 확인을 해보는 것이다. 시공업체 홈페이지를 통해서도 대략 확인이 가능하지만, 건축박람회나 실제 건축업체를 방문해서 상담을 해보길 권한다. 실제로 좋은 업체라고 하더라도, 건축하고자 하는 방향과 맞지 않거나 가격이 맞지 않을 수가 있으니 상담을 통해 자신과 궁합이 맞는 업체를 찾길 바란다. 건축비가 싸다고 좋은 업체가 아니고, 비싸다고 나쁜 업체가 아니니 건축사례와 실제 시공건물, 하자현황을 제대로 파악하고 좋은 업체를 선정해야 한다.

Q | 기본적인 게스트하우스 홍보는 어떻게 하나?

A | 기본적인 게스트하우스 홍보는 지도등록을 하는 것부터 시작한다. 앞서 지도를 등록하는 방법을 언급했으니 내용을 참고하길 바란다. 네이버 지도, 다음 지도, 구글 지도에는 기본적으로 사진과 함께 필수적으로 등록하길 권한다. 돈이 들지 않는 네이버 블로그, 네이버 카페, 유튜브, SNS 마케팅도 시간이 된다면 하면 좋다. 이외에도 여기어때, 부킹닷컴, 에어비앤비 등 숙박업체 등록도 시간과 여유가 된다면 하면 좋다.

Q | 각 방마다 화장실이 많을 필요가 있나?

A | 모듈러주택(이동식주택)의 장점은 1개의 공간 안에 주방, 화장실, 안방까지 최적의 공간으로 꾸며져 있는 게 장점이다. 추가적으로 화장실 공사를 안 해도 화장실이 들어 있으니 별도의 큰 비용 없이 다수의 화장실을 운영하는 게 가능하다. 화장실을 많이 두는 것은 손님의 편의를 위한 것이므로 이후 재방문율을 높일 수 있다. 게스트하우스의 단점이 화장실을 공동으로 사용해야 하는 것인데, 모듈러주택을 선택함으로써 이 부분을 많은 비용을 들이지 않고, 해결이 가능하니 방마다 화장실을 두는 것을 추천한다.

Q | 방마다 주방이 별도로 있는 것은 어떤가?

A | 모듈러주택은 특성상 방에 화장실, 주방이 모두 들어 있는 구조로 되어 있다. 그래서 주방을 별도로 빼지 않는 이상 주방도 포함되어 있다. 펜션으로 운영을 할 거면 주방을 포함하는 게 좋다. 하지만 게스트하우스로 운영하려면 기본적인 식기준비부터 청소까지 해야 할 일이 더 늘어나고, 방 안에서 음식을 먹기에 관리의 어려움이 추가된다. 펜션으로 운영하려면 주방을 포함하고, 게스트하우스로 운영할 때는 빼는 것이 좋다는 게 결론이다.

Q | 게스트하우스에서 힘든 손님은 어떻게 대처하나?

A | 게스트하우스를 잠깐 운영했지만, 힘든 손님은 많지 않았다. 손님들에게는 기본적으로 지켜야 할 것을 공지해주는 것이 중요하다. 실내에서는 금연하기, 실내에서는 마실 것 이외에 먹지 않기 등 주의사항들을 공지한다면, 그다지 힘들게 하는 손님은 없을 것이라 생각된다. 실제로 직장이나 업무적으로 만났을 때는 나쁘고, 이기적인 사람이라고 할지라도 여행을 와서까지 나쁜 사람은 잘 없다. 힘든 손님은 평균 10팀을 받았을 때 1팀이 있을까 말까 한 정도였다.

Q | 손님이 없으면 어떻게 해야 하나?

A 손님이 없을 때를 대비해 대출을 최소화해서 여유 있는 게스트하우스 건축을 추천한다. 바닷가 게스트하우스는 여름이 가장 성수기라서 여름을 제외한 가을, 겨울에 손님이 줄어들 수 있다. 이때는 손님 유치를 위해 다양한 매출을 낼 수 있는 채널 확보를 위해 숙박업체 등록과 SNS를 활발히 하는 방법이 있다. 나는 손님이 없을 때는 여유를 즐기거나 낚시, 해산물 채집을 통해 피쉬 뱅크(수족관)를 채워둬서 손님이 올 때를 대비했다. 손님이 없을 때 여유를 즐기며, 게스트하우스를 운영하길 희망한다.

Q | 농어촌 민박 게스트하우스 등록방법은?

A 읍면 해당 관청에 찾아가서 농어촌 민박을 등록하려 한다고 상담하면, 농어촌 민박 신고를 위한 방법을 알려준다. 건축 연면적은 70평 이하로 해야 하고, 실제 운영하는 사람은 전입신고를 해야 한다. 추가적으로 방마다 객실 경보형 감지기를 설치하고, 소화기를 구비해야 하며, 건축면적에 맞는 정화조가 설치되어 있다면, 별다른 제약 없이 농어촌 민박 등록이 가능

하다. 만약 추가적으로 해당 관청에서 요청사항이 있다면, 수정 보완해서 신고한다면 일주일 이내에 농어촌 민박 허가증이 나올 것이다.

Q | 이용요금 산정은 어떻게 하나?

A 대부분의 게스트하우스 비용은 1인당 2만 원에서 3만 원 사이에 책정되어 있다. 게스트하우스가 활발한 제주도나 통영, 전주의 경우 대부분 1인당 요금으로 책정을 하고 있다. 비슷하게 요금을 책정하거나 자신만의 가격을 책정하면 된다. 인당 요금과 별도로 파티 참가비용을 2~3만 원 받는 곳도 있다. 나는 파티를 무조건 포함하고 있기에 방 단위로 10만 원에 판매했다. 방당 최소 2인~최대 4인이 숙박이 가능하기에 4인이 오면 가격 대비 저렴하고, 2인이 오면 조금 비싸게 느낄 수 있다. 청소를 해보니 4인이나 2인이나 청소하는 수고로움이 동일하기에 이런 식으로 가격을 책정했다. 이처럼 이용요금은 자신의 형편에 맞게 자유로이 책정하면 된다. 직접 잡은 해산물을 제공해줘서 그런지 한 번 묵고 간 손님들은 가격 대비 싸다고 얘기하는 분들이 많았다. 참고하길 바란다.

Q | 게스트하우스 투숙객을 위해 조식을 필수적으로 제공해야 하나?

A | 깔끔한 조식을 제공하면 손님들의 후기를 통해 홍보에 많은 도움이 될 것이다. 나는 게스트하우스 파티를 제공하니 술을 먹고 늦게까지 자는 손님들이 많았다. 일찍 일어나서 조식을 찾는 분들에게는 간단한 라면이나 시리얼, 빵, 우유 정도를 제공하면, 손님들이 알아서 조식을 해결했다. 이처럼 조식을 제공하면 좋지만, 힘들다면 간단한 조식 정도를 해먹을 수 있게 준비만 해둬도 무방할 것이다.

Q | 방이 몇 개 없는데, 주인실이 꼭 필요하나?

A | 나는 주인실을 별도로 운영했다. 개인 공간이 필요한 분들은 매출은 떨어지지만, 주인실을 운영하면 된다. 어떤 게스트하우스에 가보면 2층 침대 한 공간에 손님들과 같이 지내면서 운영을 하는 분들도 있었다. 자신의 라이프스타일에 맞게 운영을 하면 된다.

바닷가 게스트하우스 건축하기

Q 바닷가 토지 위치 선정 시 가장 중요한 점은 무엇인가?

A 가격적인 부분이 가장 중요하고, 바닷가 뷰, 주변 풍경, 관광지가 중요하다. 또한 해당 토지 인근에 개발계획이 있는지가 중요하다. 주변에 대형 관광지 개발이나 인근에 체험관, 박물관, 큰 도로 등이 들어설 계획이 있는지 알아보고, 이런 개발계획이 있는 인근에 토지를 구입하는 것이 좋다. 토지 시세는 싸게 산다고 하더라도 현 시세에서 조금 싼 정도에 구매가 가능하지만, 주변에 향후 개발계획이 있으면 개발이 완료된 이후에 시세차익을 얻을 수 있기 때문이다. 바닷가 게스트하우스 건축을 통해 게스트하우스를 운영만 해도 좋지만, 향후 투자 수익까지 얻을 수 있으며 더 좋지 않을까. 개발계획은 인근 공인중개사에게 문의를 하거나 인터넷 검색을 통해 정보를 얻을 수 있다. 내가 건축한 꼬동 게스트하우스 또한 인근에 연오랑세오녀 테마공원 개발 중에 토지를 구매했고, 현재 테마공원이 완공되어 관광객이 많이 유입되는 관계로 매매차익까지 바라볼 수 있게 됐다. 세 번째 구매한 호미곶 토지도 현재 주변이 관광지이지만, 향후 지속적인 개발로 더욱더 발전이 될 것이라고 본다.

Q | 임대는 어떻게 놓을 수 있나?

A 나는 주변에 게스트하우스를 임대 놓는 곳이 없어서 임의로 보증금 2,000만 원에 월 100만 원을 책정했다. 인근에 유사한 건물이나 게스트하우스가 있다면, 임대료 시세가 어느 정도인지 파악한 이후에 인근 공인중개사에게 의뢰를 하면 된다. 요즘에는 인터넷 카페나 블로그에 글을 올려서 홍보를 해도 연락이 오니, 적극적으로 임대를 놓을 분은 직접 인터넷에 글을 올리는 것도 하나의 방법이다. 나의 경우도 공인중개사에게 연락 오는 경우와 인터넷 글을 보고 연락이 오는 2가지 경우가 모두 있었다. 그중 조건이 더욱 좋은 곳과 계약을 하면 된다.

Q | 게스트하우스 매매를 하고자 한다면 어떻게 해야 하나?

A 판매하는 방식도 임대하는 방식과 동일하다. 공인중개사에게 의뢰를 하거나 인터넷 글을 올리면 된다. 하지만 매매를 하게 된다면 양도세가 발생하기에 세금을 줄이는 것이 중요하다. 1가구 1주택 양도세 면제를 위해 2년 뒤 매매하는 것을 추천한다.

본 책의 내용에 대해 의견이나 질문이 있으면
전화(02)3604-565, 이메일 dodreamedia@naver.com을 이용해주십시오.
의견을 적극 수렴하겠습니다.

평범한 직장인, 2억 원으로
바닷가 게스트하우스 건축하기

제1판 1쇄 발행 | 2019년 7월 30일

지은이 | 김병균
펴낸이 | 한경준
펴낸곳 | 한국경제신문*i*
기획제작 | (주)두드림미디어
책임편집 | 배성분

주소 | 서울특별시 중구 청파로 463
기획출판팀 | 02-333-3577
영업마케팅팀 | 02-3604-595, 583 FAX | 02-3604-599
E-mail | dodreamedia@naver.com
등록 | 제 2-315(1967. 5. 15)

ISBN 978-89-475-4502-0 (03320)

한국경제신문 *i* 부동산 도서 목록